珞巴族是我国具有悠久历史和灿烂文化的古老民族，生活在我国西藏东南部的珞渝地区，行政区划隶属西藏自治区墨脱县、米林县和隆子县管辖。新中国成立后，根据实际情况和本民族意愿，正式定名为珞巴族，取“南方人”之意。珞巴族没有文字，靠刻木结绳记事，信仰原始宗教，崇拜大自然精灵。

走近中国少数民族丛书

主　编/丹珠昂奔

# 珞巴族

Luobazu

陈立明　李锦萍　著

辽宁民族出版社

**图书在版编目（CIP）数据**

珞巴族 / 陈立明，李锦萍著. —沈阳：辽宁民族出版社，2014. 12

（走近中国少数民族丛书 / 丹珠昂奔主编）

ISBN 978-7-5497-0938-0

Ⅰ. ①珞…　Ⅱ. ①陈…　②李…　Ⅲ. ①珞巴族 — 民族历史 — 中国　②珞巴族 — 民族文化 — 中国　Ⅳ. ①K287.7

中国版本图书馆CIP数据核字（2014）第310804号

**走近中国少数民族丛书·珞巴族**

ZOUJIN ZHONGGUO SHAOSHUMINZU CONGSHU·LUOBAZU

丛书策划 / 李凤山

出版发行者：辽宁民族出版社
地　　　址：沈阳市和平区十一纬路25号　邮编：110003
印　刷　者：沈阳新华印刷厂
幅 面 尺 寸：170mm×240mm
印　　　张：11
字　　　数：163千字
出 版 时 间：2015年8月第1版
印 刷 时 间：2015年8月第1次印刷
责 任 编 辑：李凤山　吴昕阳　佟　强
封 面 设 计：杜　江
责 任 印 制：杨　雪
责 任 校 对：边京爱　林　华

标准书号：ISBN 978-7-5497-0938-0
定　　价：38.00元

法律顾问：陈　光
举报电话：024-23284336
邮购电话：024-23284335
联系电话：024-23284340
网　　址：www.lnmzcbs.com
淘宝网店：lnmz2013.taobao.com

# 《走近中国少数民族丛书》编辑委员会

## 《走近中国少数民族丛书》作者名录

《蒙古族》 萨仁图娅（蒙古族）

《回族》 许宪隆（回族） 张龙（汉族）

《藏族》 丹珠昂奔（藏族）

《维吾尔族》 艾克拜尔·吾拉木（维吾尔族）
买力克·买买提（维吾尔族）
伊利迪尔（维吾尔族）

《苗族》 石莉芸（苗族） 李云兵（苗族）

《彝族》 陈国光（彝族）

《壮族》 黄佩华（壮族）

《布依族》 周国炎（布依族）

《朝鲜族》 黄有福（朝鲜族）

《满族》 于今（满族）

《侗族》 杨筑慧（侗族）

《瑶族》 玉时阶（壮族）

《白族》 董建中（白族）

《土家族》 罗中（土家族） 罗午（土家族）

《哈尼族》 朱志民（哈尼族） 李泽然（哈尼族）

《哈萨克族》 艾克拜尔·米吉提（哈萨克族）
伊拉达·拉音别克（哈萨克族）

《傣族》 赵瑛（傣族）

《黎族》 罗文雄（黎族）

《傈僳族》 鲁建彪（傈僳族） 欧光明（傈僳族）

《佤族》 郭锐（佤族）

《畲族》 钟亮（畲族）

《台湾少数民族》 林华（台湾少数民族）

《拉祜族》 苏翠薇（拉祜族）

《水族》 韦学纯（水族）

《东乡族》 马兆熙（东乡族） 马自祥（东乡族）

《纳西族》 白庚胜（纳西族） 孙淑玲（汉族）
白羲（纳西族）

《景颇族》 金黎燕（景颇族）

《柯尔克孜族》 阿地里·居玛吐尔地（柯尔克孜族）

《土族》 祁进玉（土族） 东永学（土族）

《达斡尔族》 毅松（达斡尔族）

《仫佬族》 黎学锐（仫佬族） 黎炼（仫佬族）

《羌族》 雍继荣（羌族） 罗吉华（羌族）
周发成（羌族）

《布朗族》 陶玉明（布朗族）

《撒拉族》 马成俊（撒拉族） 马建新（撒拉族）

《毛南族》 韩德明（汉族）

《仡佬族》 周小艺（仡佬族）

《锡伯族》 阿苏（锡伯族） 盛丰田（锡伯族）
何荣伟（锡伯族）

《阿昌族》 们发延（阿昌族） 张斯齐（蒙古族）

《普米族》 朱凌飞（汉族） 杨周明（普米族）

《塔吉克族》 西仁·库尔班（塔吉克族）
阿力木江·西仁（塔吉克族）

《怒族》 李月英（傈僳族） 张芮婕（傈僳族）

《乌孜别克族》 吾尔买提江·阿布都热合曼（乌孜别克族）

《俄罗斯族》 乃珂热曼·依布拉音（塔吉克族）

《鄂温克族》 黄任远（汉族） 那晓波（鄂温克族）

《德昂族》 袁丽华（汉族） 王燕（汉族）

《保安族》 马少青（保安族）

《裕固族》 董潇红（裕固族） 王政德（藏族）

《京族》 吕俊彪（汉族）

《塔塔尔族》 卡米力·库尔马尤夫（塔塔尔族）

《独龙族》 李金明（独龙族）

《鄂伦春族》 王为华（汉族）

《赫哲族》 黄任远（汉族）

《门巴族》 陈立明（汉族） 张媛（汉族）

《珞巴族》 陈立明（汉族） 李锦萍（汉族）

《基诺族》 朱映占（汉族）

# 总序

中国是一个统一的多民族国家，几千年来，有着悠久历史和灿烂文化的少数民族，与汉族一道，在中华大地上繁衍生息，共同开发着这块土地，建设、发展、捍卫着这个古老而伟大的国家。各民族都是兄弟，相互离不开，都是这个国家的主人。习近平总书记在第二次中央新疆工作座谈会上发表重要讲话，指出："要坚定不移坚持党的民族政策、坚持民族区域自治制度。民族团结是各族人民的生命线。要高举各民族大团结的旗帜，在各民族中牢固树立国家意识、公民意识、中华民族共同体意识，最大限度团结依靠各族群众，使每个民族、每个公民都为实现中华民族伟大复兴的中国梦贡献力量，共享祖国繁荣发展的成果。各民族要相互了解、相互尊重、相互包容、相互欣赏、相互学习、相互帮助，像石榴籽那样紧紧抱在一起。要在各族群众中牢固树立正确的祖国观、民族观，弘扬社会主义核心价值体系和社会主义核心价值观，增强各族群众对伟大祖国的认同、对中华民族的认同、对中华文化的认同、对中国特色社会主义道路的认同。"因此，坚持平等、团结、互助、和谐的社会主义民族关系，不断增进了解、紧密关系，深化友谊、建立牢不可破的感情基础，是中国社会转型期、改革攻坚期、矛盾多发期保持社会稳定、发展的基本要求，也是实现中华民族伟大复兴的中国梦的基本要求。

为了进一步宣传我国少数民族的历史文化和民族风情，增强对少数民族的认识，宣传党的民族政策和方针，加强各民族之间的了解与沟通，让读者了解少数民族文化，加深对我党民族政策的理解，中华人民共和国国家民族事务委员会文化宣传司和辽宁民族出版社共同策划了《走近中国少数民族丛书》。

依据上述原则，《走近中国少数民族丛书》的编写有以下三个特点：第一，采用图文并茂的形式、鲜活生动的语言、特色浓郁的图片以及丰富的民族常识链接，向读者展示我国55个少数民族的历史渊源、民族变迁、社会生活、文化艺术、风俗习惯、历史人物和民族区域自治政策的伟大实践。第二，作者多为本民族专家学者和与民族研究工作相关的专家学者，对自己撰述的对象既有深厚知识积累，也有真挚情感。第三，内容彰显了历史与现实、民族文化与地域文化、民族区域自治地方与散杂居地区少数民族生产生活的多彩画卷和轨迹，引导读者走近少数民族，聆听他们的古老传说，感受他们的发展变化，加深彼此的沟通和了解。这套《走近中国少数民族丛书》是面向民族干部和各级干部通览我国少数民族概况的普及读本，也是图书馆必备藏书。

《走近中国少数民族丛书》所揭示的每一个民族的历史，都承载着这个民族的文化，也承载着这个民族的发展和未来。中华大地孕育的55个少数民族多彩斑斓的民族文化，同汉族文化一道从远古走到今天，汇入了中华文化壮阔的历史长河。“共同团结奋斗，共同繁荣发展”，保护、传承和弘扬少数民族优秀文化，不仅是推动我国民族团结进步事业的重要内容，也是构建和谐社会、实现中华民族伟大复兴的中国梦的重要使命。期待通过《走近中国少数民族丛书》，使广大读者徜徉于少数民族多彩风情的同时，更加深刻地了解和认知中华民族多元一体的文化内涵，感受中华民族悠悠历史的深远与厚重。

丹珠昂奔

2014年6月26日

# 前言

## 珞巴族 西藏珞渝地区的开拓者和守卫者

珞巴族是我国具有悠久历史和灿烂文化的古老民族，生活在我国西藏东南部的珞渝地区，行政区划隶属西藏自治区墨脱县、米林县、隆子县和察隅县管辖。

“珞渝”（lho-yul）是藏语音译，意为“南方之地”，“珞巴”是藏族对居住在珞渝地区民族的习惯称呼。珞渝地区北依喜马拉雅山脉，与藏区相望；西临西巴霞曲河，与门隅紧连；东以丹龙曲河为界，与察隅相接；南抵布拉马普特拉河北缘，与印度毗邻，总面积近7万平方公里。

珞巴族人口总数20余万，有20多个大小不同的部落。1965年，国务院正式确认珞巴族为单一民族。根据2010年我国第六次人口普查统计，目前生活在我国米林县、墨脱县和隆子县等地的珞巴族人口为3 682人，珞巴族的绝大多数仍居住在印度非法占领下的麦克马洪线以南广大地区。

墨脱县地处喜马拉雅山脉东段南麓，境内森林茂密，群峰峻挺，雅鲁藏布江奔腾呼啸纵贯南北。墨脱整个地形犹如盛开的莲花，所以古称白马岗，意为“刻画的莲花之地”。墨脱气候温和湿润，物产富饶，这里自古就是珞巴族聚居地区。17世纪以后，部分门巴族东迁到墨脱，分布在墨脱的珞巴族大部分南迁。墨脱县珞巴族属米古巴和米辛巴部落，2013年，该县珞巴族人口为1 383人，其中625人居住在达木珞巴民族乡，653人生活在加热萨乡，其余珞巴族分散居住在甘当乡和墨脱镇等地。

米林县，地处雅鲁藏布江中游、念青唐古拉山脉和喜马拉雅山脉之间。雅鲁藏布江南岸支流把喜马拉雅山脉北坡切割出里龙、乃玉（南伊）、岗嘎、巴嘎、鲁霞、丹娘6条山谷，成为通向珞渝的通道。米林县前身是则拉岗宗，负责管辖珞渝的马尼岗和梅楚卡两地。传说珞巴族博嘎尔部落祖先曾从西藏工布地区来到米林的乃玉（南伊）河谷居住，他们的后代翻越东拉山到达上珞渝即马尼岗和梅楚卡一带。米林县珞巴族主要是博嘎尔部落，2012年，该县珞巴族人口为1 587人，其中383人聚居在南伊珞巴民族乡，329人生活在卧龙镇、293人生活在米林镇，其余珞巴族分散居住在羌纳、扎西饶登等乡镇。

隆子县，地处喜马拉雅山东段北麓。珞巴族主要居住在该县的斗玉珞巴民族乡，2013年，有珞巴族46户202人，包括纳、姆热、巴依等部落。

察隅县，地处西藏东南部横断山区伯舒拉岭山脉地带，原名桑昂曲宗。察隅县的珞巴族属珞巴族义都部落，2013年，共有珞巴族19户73人，主要居住在该县上察隅乡西巴村。

珞渝风光绮丽，物产富饶。珞巴族是珞渝地区最早的开拓者。早在新石器时代，珞巴族祖先就在珞渝繁衍生息，开拓了祖国西南边陲这块神奇美丽的疆土。20世纪70年代以来，我国民族和考古工作者在墨脱地区发现了大量新石器，包括马尼翁、卡布、东布、背崩、格林、地东和希让等村落附近发现的石斧、石锛、石凿和石纺轮等15种磨制石器，这些石器与在西藏林芝等地采集的同类石器，在形制和文化内涵上属于同一个文化系统。考古资料表明，珞巴族先民同藏族以及门巴族先民一道，共同创造了喜马拉雅山区的远古文明。在长期的历史发展过程中，珞巴族人民以自己的聪明睿智和百折不挠的精神，创造了灿烂独特的民族文化。

20世纪50年代前，珞巴族还处于原始社会末期家长奴隶制社会阶段。生活在喜马拉雅山林的珞巴族，长期从事采集、狩猎和刀耕火种的传统农耕。珞巴族没有文字，靠刻木结绳记事。珞巴语属汉藏语系藏缅语族，内部方言多而复杂。珞巴族信仰原始宗教，崇拜大自然精灵。珞巴族有着极为丰富的民间文学，如神话、传说、故事、歌谣和古史歌（史诗）等，尤以神话和史诗最具民族和地域特色。珞巴族史诗内容丰富，气势恢宏，而神话则自成体系，引人入胜，在我国民族文学百花园中占有重要地位。

珞渝地区自古以来就是我国的神圣领土。珞巴族和藏族关系密切，珞巴族各部落广为流传着藏、珞两族的祖先是亲兄弟的神话传说，表明珞巴族和藏族在遥远的古代就有着紧密的联系。吐蕃时期珞渝地区已纳入吐蕃政权治下，藏、珞两族在政治、经济和文化上的联系不断加强。从此，西藏历代地方政权对珞渝进行了有效管辖和治理。17世纪以来，在清朝中央政府的支持下，西藏地方政府在珞渝地区设置行政机构，推行差税制度，委任当地头人征收税赋，强化了对珞渝地区的管理。然而，19世纪以来，我国珞巴族地区同祖国其他地区一样，遭到了外国殖民主义列强的野蛮侵略，珞巴族人民不屈不挠奋起抗争，给侵略者以沉重打击，谱写了反抗外敌入侵、保家卫国的光辉篇章。1914年，英国殖民主义势力炮制了非法的麦克马洪线，侵占了我国珞渝、门隅和察隅近9万平方公里的领土。直至目前，珞渝大部分地区仍被印度非法侵占。

1951年西藏和平解放，1959年西藏民主改革，居住在珞渝北部的珞巴族人民同藏族等西藏各族人民一道获得了翻身解放，当家做主成为新中国的主人。在党和政府的关怀帮助下，珞巴族人民以极大的热情投入到发展生产、建设家园的热潮中。改革开放以来，尤其是兴边富民行动和扶持人口较少民族政策的实施，为西藏边疆人口较少民族的经济社会快速健康发展提供了难得的机遇。今天，珞巴族地区经济发展、社会和谐、文化繁荣，呈现出欣欣向荣的发展景象。珞巴族人民正用勤劳的双手，把美丽如画的家乡建设得更加绚丽多彩。

# 目录

# 第一章
# 从远古走来——喜马拉雅山林的民族

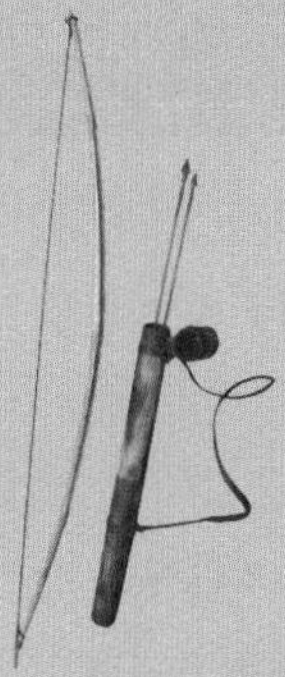

洛巴族是祖国民族大家庭中的一员，珞巴族人民以勤劳、勇敢、酷爱自由和不屈服于外国侵略势力而为世人知晓。他们为开发喜马拉雅山区、保卫祖国西南边疆的伟大事业做出了重要贡献。

帕隆藏布江与雪山

洛巴族是一个历史悠久的民族，主要分布在我国西藏东南部东起察隅、西至门隅、北靠藏区、南与印度阿萨姆接壤的喜马拉雅山广阔地带，人们称之为“珞渝”。珞渝地处喜马拉雅山东段的主脉南侧，山高谷深，森林密布，河流湍急，地形复杂，平均海拔3 000米左右，接近平原的地方只有300米，是典型的高山峡谷地区。珞巴族长期生活在喜马拉雅山林，创造出了独具特色的民族文化。

# 神话传说中的历史

## 族称

“珞巴”是藏族对居住在珞渝及其邻近地域的民族的习惯性称呼。在早期的藏文典籍里，有的写作“blo”，意为“智慧”；有的写为“lho”，意为“南方”；也有的写成“klo”，意为“没有开化”等。1965年国务院批准了珞巴族这一族称，藏文也统一使用“lho”，意为“南方人”，既摈弃了往昔歧视

察隅地区村落

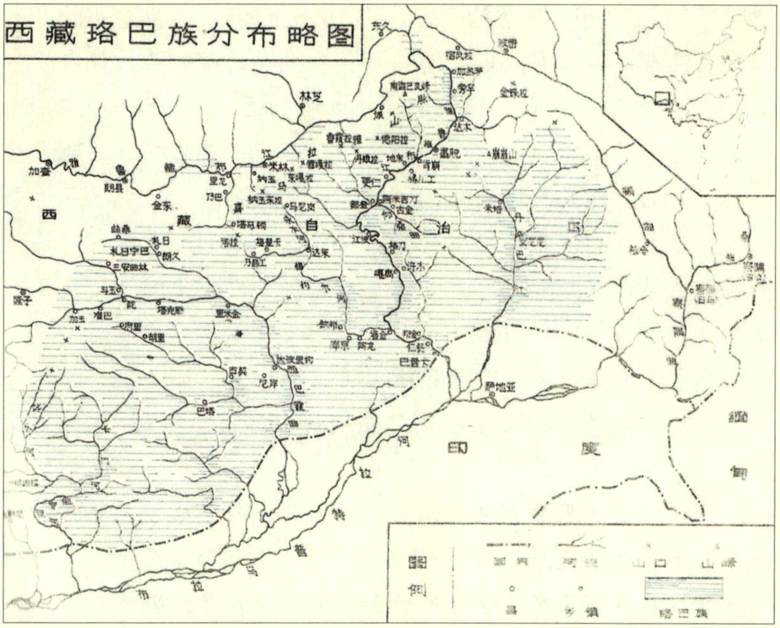


珞巴族分布略图

性的意义，又符合珞巴族居住在西藏东南部的事实。

在藏族的口语和文字中，根据距离藏族地区的远近，对珞巴族曾使用过“卡珞”和“丁珞”的称谓。“卡珞”指近处的与藏族毗邻彼此交往较多的珞巴，“丁珞”指远处的即珞渝腹心地区与藏族交往较少的珞巴。在珞巴族内部，由于没有形成统一的族称，其名称随部落的不同而异。在墨脱及其以南地区有米辛巴、米古巴、希蒙、巴达姆等部落。在丹巴江流域有义都部落（上察隅的西巴村珞巴族，亦为迁徙至此的义都部落人）。在米林及其附近地区有博嘎尔、德根、坚波、民荣等部落。在隆子县以南有纳、玛雅、巴依、崩尼、崩如、苏龙等部落。在国外的文献中，还有阿兴、布根、米里、阿卡、阿迪等不同称谓。

## 族源和迁徙

由于珞巴族没有文字，因而没有本民族的历史文献记载，在藏汉文资料中记载也极为缺乏。关于他们的族源问题，只能从各部落的传说中去探寻。从有关资料判断，珞巴族是青藏高原东南部一带的古老群体中的一支或数支繁衍而来的。

**米古巴部落**　居住在上珞渝的米古巴部落主要由“波觉”和“嘎

窝”两个氏族组成。按照传说，他们是从北部的波密一带迁来的。

大约在许多代人以前，有叫央色和嘎嘎的两兄弟，住在波密的一个村子里。由于受不了藏族领主的压迫，兄弟俩只好离开，向南翻过呷龙山后，以射箭选择各自的住地，箭落在什么地方就在那里定居。结果央色的箭射到卡布，箭落到地上变成了一块大石头，他就迁到那里定居，他的子孙就是后来的波觉氏族。弟弟的箭落在桑巴提钦变成一片竹林，他迁到那里，他的子孙就是后来的嘎窝氏族。

这个传说反映了米古巴部落的迁徙情况。

**博嘎尔部落** 博嘎尔部落是珞巴族众多部落中较大的一个，博嘎尔部落神话传说称：

始祖阿巴达尼原先住在工布，后来经过当嘎地方，迁到米林一带的巴登帮嘎定居了一段时间。阿巴达尼有三个儿子，大儿子叫当邦，当邦有两个儿子即邦姆和邦蒙；二儿子叫当坚，当坚有两个儿子即坚珞和坚博；三儿子叫当日，当日有两个儿子即日古

和日杨。阿巴达尼的三个儿子分三路向南迁徙，进入珞渝地区。当邦带着两个儿子往西，经里龙沟往南走，越过色丹洛雅到达现今德根地区定居，他们的后裔就成为后来的德根部落。当坚带着两个儿子顺着雅鲁藏布江往东，然后向南进入墨脱及其以南地区，他们的子孙就成为汉宫人，即现今分布在雅鲁藏布江下游两岸的希蒙、民荣等部落。当日和他的两个儿子住在纳玉（又称南伊）山沟。到他们的子孙当波和嘎尔波兄弟时，顺着山沟往南越过纳玉东拉，到了德楞邦地方，他们比赛射箭。嘎尔波的箭落在果落双双，即后来的马尼岗，嘎尔波顺着箭的方向走去定居在那里，其后裔就是博嘎尔人。当波的箭穿过八地岗地山落到阿多地方，当波迁到那里定居，其子孙就是现在的邦波人。

**下察隅其他部落**　靠近下察隅的义都部落，基本上也是从北向南迁徙的。据今天定居在察隅的义都人的传说，他们的祖先是从巴塘一带向南迁到察瓦弄，再向西经波中、阿古雅山区到达安尼尼附近的阿坚匈的。在一些外文文献的记载中提到，现定居在安尼尼的米连氏族的传说讲述他们的祖先原来住在北部藏区的茵尼拉本，后来向南迁移到卡倍安达定居。达额木部落也传说其祖先原住在墨脱一带，后向南迁徙至现在的居住地。

**阿帕塔尼部落**　在珞渝西南部的阿帕塔尼部落，也有从北向南迁移的传说。传说讲道：

他们的祖先来自北方，那里有两条河，名叫苏普帕德和普德普米。他们由北向南渡过西巴霞曲，来到锡皮河谷里一个叫作卡尔的地方，从这里分三支迁到现住地。阿帕塔尼部落的传说，同崩尼部落的传说相符合。崩尼人认为，阿帕塔尼人从北向南迁移时，路过他们古麦河流域的达巴村，并在那里住了一段较长的时间，至今那里还留有当年种植水稻和纺纱织布的遗迹。崩尼人称这些遗迹为“色巴若仁”，意为阿帕塔尼人种水稻的地方；“波扎能乃”，意为阿帕塔尼人捻线的地方。随后阿帕塔尼人又迁往果洛宁。由于果洛宁毒蛇、毒蜂和毒草多，他们不得不再往南迁到现今的住地。

此外，巴达姆、民荣、希蒙等部落也都有由北向南迁移的传说。上述部落的传说虽在情节上有所出入，但都一致认为其祖先曾有一个从北向南迁徙的过程。

## 神话传说中的母系氏族社会

珞巴族的历史在西藏民主改革前是一部原始社会史。珞巴族有着丰富的神话和传说，从中反映出珞巴族历史上经历过母系氏族社会和父系氏族社会。

雄浑壮美的墨脱

**血缘婚** 在人类发展的初期，曾经历过原始游群时代，人群的组织松散，成员不稳定。那时人们住在森林里，以采集、狩猎为生，山洞也是人们经常居住的场所。

墨脱东布地区的珞巴族传说中讲道：

他们的祖先是从附近浪错湖上的岩洞里出来的。人们出来时，一个老太婆因舍不得岩洞里的水，便用一个葫芦瓢带了一瓢水，一不小心，摔了一跤，将水泼在地上，形成今天的浪错湖。

这个传说反映了珞巴族远古祖先曾穴居山洞的历史。

珞巴族普遍流传着兄妹结婚的传说，以博嘎尔部落的《达蒙和达宁》这个故事最为典型。

达蒙和达宁是天父地母结合后所生的后裔。达蒙是姐姐，达宁是弟弟，一个从事狩猎，一个从事采集和农业，他们生活在一起。弟弟对姐姐有了感情，想方设法接近姐姐，但一再遭到拒绝。后来，他们一起到了天上，太阳接见了他们。虽说他们是姐弟，但地面上只有他们一男一女，如果不结婚，人口就不能增加。于是太阳把他们关在鸡笼里，强迫他们成亲，结为夫妻。

这个传说说明血缘婚的残迹在珞巴族的亲属称谓上还有残留。

**母系氏族社会** 人们经过长期的经验积累，认识到近亲结婚带来的“其生不蕃”的弊端，加之人口的增长和生产活动范围的扩大，血缘家族已不适应社会的需要。为了获得更多的劳动力，出现了不同血缘集团之间的族外群婚，这标志着母系氏族社会的形成。在族外群婚时期，丈夫和妻子仍然从属于自己的血缘集团之内，孩子跟随母亲生活，属于母方氏族。由于男女双方的交往并不固定，孩子只知其母不知其父，血缘按母系计算。崩尼部落中有一支被称为山区“米里”的人，他们的传说里讲道：

在北部丛山，有个地方叫米育门，那里全是妇女，她们有极其贵重、古老而又神圣的串珠、法铃和宝剑。村里年轻的和年老的妇女分两处居住。男子如果意外地到了那个地区，她们便死劲地留他过夜。当这个男子获准离开时，老年妇女就送给他宝贵的串珠和宝剑，以便期望另外的人见到这些东西时被引诱前来。年轻妇女也送新的串珠和剑给他，孩子生下后，她们都急切地想知道性别，如果是女孩，就十分高兴，如果是男孩，就把他弄死。

这个传说反映了“重生女”的母系氏族社会的特点，说明女子有较高的地位，世系由女系下传，男子不定期到女方过婚姻生活。珞巴族还有很多类似的神话，如《“德宁蒙”的传说》《女子国的传说》等。

**享有崇高威望的女性始祖** 在母系氏族社会里，有威信的、年长的女性不仅是生产的领导者，还是生活的组织者，享有崇高的威望。珞巴族有很多歌颂女性始祖的神话传说。

崩如部落的始祖母列德罗登，本是天的女儿，住在天上，但因为天上不长百草树木，许多动物都活不了，十分忧心。她叫来了一种称为“马佐布列”的鸟到地上看看，是否可以住人。马佐布列鸟到地上后，发现地上树木很多，就是没有草，它随即拉了一泡屎，然后返回天上向列德罗登汇报。列德罗登听后，对有树木而没有草感到奇怪，便派了一匹名叫“支波布能”的公马到地上，看个究竟。支波布能看到马佐布列在地上拉的那泡屎已长出了草，地上也有草了。于是，列德罗登便带着牛、马和羊下降到地上。到地上后，和阿巴达尼结了婚，生了六个儿子：玛雅、巴依、纳、达能、崩如和苏龙。列德罗登把牛、羊和达谢林分给她的儿子。这六个孩子的后裔，发展成六个部落。

在这个传说里，列德罗登是部落的始祖母，她领导着家庭的成员，负责食物分配，带领他们迁徙。其中说到的马、牛、羊之类可能是母系氏族公社时期崇拜的图腾。

知识链接 **达谢** 棕榈植物，取茎去皮砍成片，用木槌在平石板上将其砸烂，浸泡去渣，取其淀粉，煮糊或烙饼供食。

## 神话传说中的父系氏族社会

新石器时代，磨制石器的大量使用加速了原始农业的发展，生产工具的不断进步和对劳动力的需求，使男子成了谋求生产和生活资料的主导力量，加速了珞巴族氏族由母系氏族社会向父系氏族社会的转变。

米林南伊河谷发现的新石器时代石器

在珞巴族祖先神话乃至整个神话体系中，流传最广、影响最大的是父系祖先神话《阿巴达尼》。这部系列神话由几十篇具有独立情节的神话构成，几乎遍及珞巴族各部落。神话中的珞巴族父系祖先阿巴达尼无所不能。他长有四只眼睛，两只眼在前额察看人间世界，另两只眼在脑后监视魔境鬼域。他变化莫测，上可以达天界，下可以通地府，曾变成一只红狗，攀缘太阳的光芒到太阳的家乡，与太阳的女儿冬尼海依相会（《阿巴达尼二子遇难》）。为救兄长阿巴达洛，他顺着桃树和核桃树的树根来到了地府中的“宁崩鬼”住地，大战宁崩鬼（《宁崩鬼》）。传说他曾与野蜂、白田鸡、青蛙、乌鸦、野猪、青牛等动物成过婚，还娶过大风、木臼、刀子以及鬼女为妻，最后与太阳的女儿冬尼海依成婚（《阿巴达尼试妻》）。阿巴达尼传有四子（《阿巴达尼的四个儿子》）或六子（《列德罗登》），其

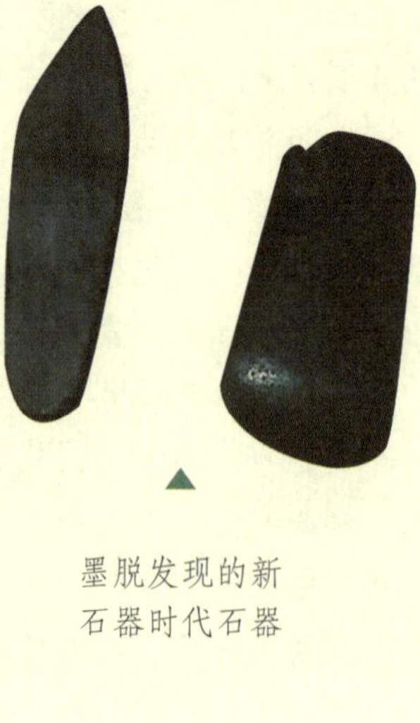
墨脱发现的新石器时代石器

子孙繁衍发展成珞巴族的各个部落。

在阿巴达尼系列神话中，始终弥漫着战争的烟云、疯狂的搏杀、血腥的复仇及各种矛盾和斗争。《阿巴达尼》系列神话，生动形象地再现了古代珞巴族社会的生产力发展水平、婚姻家庭形态和社会关系状况，为我们了解珞巴族父系氏族社会提供了丰富而珍贵的资料。

# 西藏地方政权对珞渝地区的管理

## 藏珞民族关系的发展

珞巴族和藏族先民共同生活在西藏高原上，早在远古时代，彼此之间已有一定交往。藏文文献在述及藏族从猴变人的远古历史时，往往提到珞巴族。如《贤者喜宴》在讲到猴子变成人后，吃稻谷、穿树叶时，就说到“犹如‘珞’和‘门’地方的人（一样）进行活动而遍及西藏地区”。这一说法间接地说明，藏珞两族之间早在远古的时候就有所接触，当时珞巴族的先民已被藏族所了解。

猕猴变人神话的现代雕塑

《贤者喜宴——吐蕃史译注》书影

关于珞藏之间的关系，珞巴族的民间传说有很好的描述。博嘎尔部落有珞藏祖先是兄弟的传说。传说中讲到珞巴族的祖先阿巴达尼和藏族的祖先阿巴达洛是两兄弟，他们是天父地母结合所生的孩子。珞巴族的祖先达尼是哥哥，藏族的祖先达洛是弟弟，兄弟间彼此相亲相爱。后来射箭划分地盘，达洛的箭落在了雪域高原上，其子孙发展形成了藏族，达尼的箭落在了珞渝，其子孙就是珞巴族。珞巴族许多部落像藏族一样有猴子变人的神话。这种珞藏祖先同宗同源的神话传说虽然有夸大的成分，但也反映出珞藏之间久远的历史联系和对同一个血缘祖先的认同心理。

7世纪，珞渝地区归入吐蕃政权治下，珞巴族成为吐蕃的属民。藏文史籍《红史》记述了松赞干布时代的疆域：“吐蕃分为四如、东岱。南至珞与门，西至香雄，北至霍尔，东至咱米兴米等均予征服……”而另一部著名的藏文史籍《贤者喜宴》亦载：“如是……南方之珞与门……均被收为属民。”从这些古藏文史料可以看到，从吐蕃王朝开始，藏族和珞巴族以及门巴族在政治、经济和文化上的联系不断得到加强。

13世纪中叶，珞渝被纳入西藏萨迦地方政权的治理之下，成为元朝的一个行政区域。14世纪—16世纪，西藏噶举派势力帕木竹巴政权和藏巴汗政权统治西藏，珞渝成为噶举派的领地。不少藏族人进入珞渝地区，香巴噶举派高僧汤东杰布曾到珞渝的马尼岗一带传教，受到珞巴族群众的欢迎。据《汤东杰布传》记载，珞巴族首领仰慕他的盛名，“为了打开地方之门和调伏荒凉之地”，请他“无论如何到我珞渝之地”，随后汤东杰布应邀在珞渝生活了两年，弘扬佛法，并在那里建立了四个林，即拉龙、德庆塘、辛巴尔和梅楚卡；设立了五个传教中心，即白马西布、白马吉岭、谢嘎尔崩曲、普尔布嘎那和德庆塘，“遂使此地安乐”。

汤东杰布

17世纪中叶，藏传佛教格鲁派取得了西藏地方政权后，五世达赖喇嘛为加强对门隅和珞渝的治理，派他的弟子和密友梅惹·洛卓嘉措到门隅和珞渝传教和执政，并让地方政府统一组织每隔12年（猴年）举行一次称为“札日戎哥”的转神山活动。“札日戎哥”转山活动带有浓厚的政治色彩，有力地加强了西藏地方政府对珞渝地区的统辖，增强了藏族同珞巴族各部落之间的影响和联系。

五世达赖喇嘛

知识链接 **札日戎哥** 噶举派著名僧人藏巴嘉热益西多吉，把珞渝境内的札日视为胜乐金刚圣地，开创了称之为“札日戎哥”的朝拜圣地活动。

## 民间商贸与珞藏交往

珞渝地区和藏区之间的地理条件不同，产品差异很大，长期以来藏珞之间就有互通有无的物物交换的传统。吐蕃王朝后期，两族之间的民间往来得到进一步发展。藏文史籍《贤者喜宴》中讲道：“珞域、门域边地，能遇到吐蕃农区人，而大量的边地人，又出现在吐蕃卫地。”反映了藏珞之间密切的交往和联系。

12世纪以后，上述“札日戎哥”的朝圣活动为彼此交往提供了条件。珞巴族的德根、巴依、玛雅和纳等部落的住地是转山的必经之地，而转山的终点站塔克新，也成了藏珞两族进行物资交换的地点。转神山和参与交换的人数有时多达数万人，可见这种交换的规模之大。

17世纪以来，随着政治关系的发展，两族之间的传统贸易也进一步加强。在雍正、乾隆年间的有关文献中，有珞巴族“性喜盐，其地产茜草”的记载，反映了珞巴人出售染料和对藏区食盐的需求。在国外的一些文献中，记载了在康熙年间来到西藏传教的意大利传教士德斯得利的见闻，珞巴人与藏族人有较多的联系，他们用蜂蜜、蜂蜡、小豆蔻和染料等同藏族人交换。

珞藏之间长期的交往，已经在珞渝北部与藏区交界的地方形成了几个较大的交换地点，如许木、派村、纳玉、嘎加、三安曲林、塔克新等，都是每年定期交换的主要地点。珞巴族供应藏区

察隅秋色

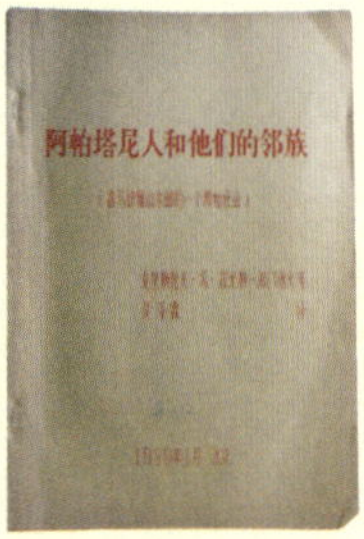


《阿帕塔尼人和他们的邻族》书影

不出产的大米、辣椒、茜草、皮张、藤条、药材等，藏族则以食盐、羊毛、铜制器物、装饰品相交换，其中铁刀、铁斧尤为重要。到了19世纪，藏区的产品几乎遍布整个珞渝地区。1847年，英国统治阿萨姆的下级官员J.巴特勒在《阿萨姆概述》一书中就讲道，米什米人出卖他们的“比赫（一种毒药）、有气味的茜草、黄连，换取藏人的牲畜、铜烟斗、铜法铃和铜锅等”。很明显，这里说的“米什米”，是指生活在珞渝东部、察隅西部一带的珞巴族义都部落。

1855年，英国探险家E.T.达尔顿到西巴霞曲流域探险时，讲到这里的珞巴族使用很多来自藏区的手工制品，如刀剑、铜烟斗、毛织物、铜锅及蓝白串珠等。1897年，另一个英国殖民当局的官员R.B.麦克卡比，随同英国侵略军入侵西巴霞曲流域。他在一份向上级的报告中讲道，阿帕塔尼人同藏区有贸易关系，作为殖民官员，他对这种贸易甚为不安，向英印政府提出“当前的倾向是寻找与阿萨姆平原的商业来往，以代替藏人同他们的食盐和刀剑的交换”的建议。

英国人海门道夫曾于20世纪40年代，在印度非法占领的珞渝南部进行考察。他在《阿帕塔尼人和他们的邻族》一书中讲道：

事实上，有种种迹象可以看出，在不太久以前，阿帕塔尼人所需要的大部分外来物品是来自或通过西藏而不是来自阿萨姆。即使在今天，每一个具有相当身份的人都至少拥有一把藏刀。在盛大节日时，数以千计的西藏念珠都挂在身上。西藏制的青铜盘在支付较大的款项时，一向是作为标准财宝之一。……青铜法铃在阿帕塔尼人（甚至超过达夫拉人）看来，是一种神物；藏刀在每次屠宰大额牛时是一件必不可少的物品；藏珠是祭司在进行庄严仪式活动时的必需的饰物。

藏区传入的铜锅

藏珞之间的经济交往，深刻影响了珞巴族人的生活。尤其是藏区大量的铜器、铁器的输入，使他们的生产工具和耕作方法发生了改变，促进了农耕技术的发展，结束了“不耕不织、穴处巢居”的历史，推动了珞巴族的社会进步。这种交往关系，不仅给双方带来了经济利益，也对各自的社会，尤其是对珞巴族社会产生了深远的影响。

## 西藏地方政府对墨脱及其以南地区的管理

西藏地方政府对墨脱及其以南地区的统治是逐步完成的。最初，被称为小白马岗的墨脱北半部被波密土王地方势力控制着，即现今的加热萨、旁辛及达木一带的广大珞巴族居住区。

大约在200多年前，门隅、主隅的门巴族不堪忍受封建领主的压迫和剥削，听说墨脱是个“不种青稞有糌粑、不养奶牛有酥油”的好地方，便开始纷纷迁往墨脱。最早前往墨脱的门巴族是“门堆朱巴”，即从门隅来的六户人家，他们在征得当地珞巴族的同意后，定居在墨脱东部地方。六户门巴族定居后，派人回家乡告知墨脱的情况，引来了大批门巴人东迁。

门巴族迁入墨脱初期，受到了善良好客的珞巴族的同情和友

南伊沟——“不种青稞有糌粑，不养奶牛有酥油”的好地方

好接待。珞巴人提供猎场让门巴人狩猎，让出耕地由门巴人耕种，两族人民和睦相处，关系融洽。然而，随着门巴人持续大量的迁入，不断增加的人口数量，使得山林、猎场和耕地越来越少，直接影响到珞巴人的生活和经济利益。由于门巴族是有先进耕种技术的农耕民族，而珞巴族以狩猎和采集为主，门巴族生产力水平远远高于珞巴族，生活过得比珞巴人好，引起了珞巴人的不满。加上两族在宗教信仰上面有冲突，终于在19世纪后半叶发生了“门珞械斗”。而挑起门、珞两族间大规模械斗的罪魁祸首，就是西藏地方封建势力——波密土王。

相传珞巴族祖先在此盟誓

偏安一隅的波密土王是一个势力较强的地方封建割据势力。波密与墨脱本就只有一山之隔，而墨脱以北地区早就被波密地方政权管理，波密土王很早就对墨脱及其以南地区虎视眈眈。因此在门巴族请求援助的时候，波密土王利用门珞之间的矛盾，借门巴人之手暗杀珞巴族头人，引发了门、珞之间大规模械斗。最终在波密土王的主持下，门珞双方进行谈判，同意撤回到各自的村落，还规定今后如果发生争端必须接受波密土王的裁决。

波密土王于1884年前后在墨脱设“地东宗”管理门巴族和珞巴族事务，不久又在下珞渝的阿米吉刀设“嘎朗央宗”的管理机构。宗本（管理官员）由波密土王任命，每届任期三年。任宗本者除“居美”（藏族）和“索木达吉”（门巴族）外，其余宗本都由珞巴人担任。波密土王还成为下珞渝地区珞巴族各部落之间纠纷的仲裁者。

“地东宗”和“嘎朗央宗”的设立，使波密土王在珞渝的政治势力不断加强，引起了西藏地方政府的关注。1926年，噶厦政府命令昌都总管派出贡布索朗管理波密、白马岗（墨脱古称）地区的商务，令其进入墨脱并深入到阿米吉刀的下珞渝地区进行人口、户籍、地形和物产等调查。这一举动激起了波密土王的严重不满。1927年发生了藏波战争。波密土王战败后，先是带着妻子和随从逃到白马岗朱村，又经察隅进入扎嘎的珞巴地区，后不久因食物中毒死在那里，波密土王的割据政权至此覆灭。

西藏地方政府接管墨脱后，把卡布以上的小白马岗地区划归旭牧宗管辖，金珠一带归松宗管理，墨脱的其余地区由色拉寺派

色拉寺

雅鲁藏布江

出的宗本管理，并将嘎朗央宗改为达岗错并入墨脱宗。

自从下珞渝地区归入墨脱宗管辖后，西藏地方政府强化了管理，每年在下珞渝地区征收差税。1945年，西藏地方政府命令色拉寺在珞渝地区每年按时征收赋税，原因是色拉寺向西藏地方政府报告了英印当局在达岗错阻止我方征税的情况。1944年，英印当局沿雅鲁藏布江下游溯流而上，侵入了下珞渝的嘎高、许木一带，阻挠我方人员在当地进行的正常征税行为，并威胁我方人员，不要“到达岗错所属更巴拉山和宗拉山以内来收税”。

西藏地方政府接到报告后，多次命令地方官员照旧在珞渝地区行使管辖权，征收赋税。1946—1947年英国变本加厉派兵侵入更巴拉以南、嘎高以北地区。面对英印侵略者的步步进逼，墨脱宗政府仍根据西藏地方政府的指示，每年都前往达岗错征税，同侵略者进行面对面的斗争。直至1953年，西藏地方政府一直对墨脱及其以南地区行使着有效的管辖权。

## 西藏地方政府对珞渝其他地区的管理

马尼岗和梅楚卡地区在米林县以南，属于上珞渝的一部分，其范围为巴恰西仁河和永木河之间的广大地区。这里主要居住着珞巴族的博嘎尔部落，此外还有少量门巴族和藏族。西藏地方政府对这里和隆子以南以及门隅东南部地区的珞巴族的管理，都采用了委任邻近藏族领主兼管的方式。

林米县
南伊河

马尼岗在19世纪三四十年代，爆发了一次珞巴族人民反抗封建农奴主的斗争。当时管理马尼岗的领主多吉次仁，长期以来贪得无厌，引起了珞巴族群众的强烈不满。一次，他借故杀死了博嘎尔部落东鸟氏族首领达约尔的家奴达模，珞巴族群众开始了反抗。为了瓦解和镇压珞巴族的反抗斗争，多吉次仁采取威逼利诱等手段笼络珞巴族群众，强迫他们杀害达约尔，但遭到珞巴族群众的拒绝。多吉次仁恼羞成怒，断绝对珞巴族的食盐供应并严禁珞巴族群众到藏区交换，激起了珞巴族群众的愤怒，在部落首领的带领下珞巴族群众杀死了多吉次仁。

为了解决这次长达数年之久的纠纷，拉岗宗派出官家、贵族和寺庙的三方代表组成“三乃卡”，经过谈判，双方同意遵循旧制：珞巴族定期向所属领主交纳差税，其首领根布仍由领主任命，藏族领主则保证公平交易，保障前来贸易的珞巴群众的人身安全。双方还订立盟约，保证今后不再发生争执。如若发生，无理的一方如系藏族，即要向珞巴族交15两金子；无理的一方如系珞巴族，就要向藏族交带角的家畜75头。这就是长期流传在米林藏族和马尼岗珞巴族之间的不成文法规：“鸦耶达木珠顿额唐些桑捷额”，意为“75头牛和15两金子”。

从此，马尼岗的“珞根卡阿”分别由官家、寺庙和贵族三个方面的领主管理：代表官家的米林乃卡管理东鸟氏族根卡；代表贵族的东多乃卡管理达芒氏族根卡；代表寺庙的纳玉乃卡管理海多氏族和另腰氏族两个根卡；代表贵族的米噶头人管理萨及氏族根卡。这种行政管理，称作“乃卡松、根卡阿”。这一治理模式一直延续至20世纪50年代马尼岗被印军非法占领才中断。

梅楚卡地区也由嘎加宗长期管理。19世纪中叶，十二世达赖喇嘛家族与拉鲁家族合并，西藏地方政府便把嘎加宗的一部分（工布地区嘎尔恰谿卡庄园及其白恰西绕庄园）封赐给拉鲁家族。拉鲁家族通过代理人的方式管理这些地区，并建立差岗制度，设定差赋税额。差岗制度的建立，说明西藏地方政府不仅控制这个地方，还进一步推行了封建农奴制统治。西藏地方政府对梅楚卡等珞渝地区的管理，一直到1951年印度扩张势力非法占据该地才被迫中断。

隆子县常德广场

隆子县扎日及其以南的塔克新等地，是全藏性的宗教活动“札日戎哥”必经的地域。大约到了19世纪中叶，原居住在尼米金、塔克新一代的珞巴族纳部落日渐兴旺，人口增加，把住地一直向北扩展。当时该部落基西氏族的首领依波的牧场扩及北边的三安曲林和西边的加玉。依波的富有引起了隆子宗宗本的垂涎，他便暗地里派人将依波杀掉，导致了一系列争夺牧场的矛盾。到了19世纪末，塔克新等地的珞巴族人又与隆子准巴和加玉地方的领主发生冲突，原因是双方就陇村附近牧场归属问题发生争执，珞巴族被打败。自此该牧场被封建领主所占有，同时加玉宗政府也乘机加强了对塔克新珞巴族地区的控制。除了纳部落外，这一地域的其他部落，也同样受到加玉宗政府的行政管理。

另外，西藏门隅境内的东南部亦有少数珞巴族。这些珞巴族地区受错那宗政府和达旺寺的行政管理。总之，原西藏地方政府长期以来对珞渝各地进行了有效的行政管辖。

# 珞巴族人民的反侵略斗争

近代以来，珞巴族人民与殖民主义扩张势力和外国侵略者进行了英勇顽强的斗争，为维护国家的主权和领土完整，为保卫祖国西南边疆做出了重要贡献。珞巴族人民的反抗侵略斗争史，无疑是中华民族反侵略斗争史的重要组成部分。

## 反抗“阿波尔征讨”

19世纪初叶，英国殖民主义者以探险、传教等名义，不断派遣特务到珞渝地区搜集情报，为武装入侵做准备。珞巴族人民坚决抵制，严禁殖民主义者进入他们的住地，将偷偷潜入的特务驱逐出境。发生在19世纪中叶的珞巴族人民长达十多年的反抗英国殖民者“阿波尔征讨”的斗争，是珞巴族人民反侵略斗争的光辉篇章。

珞渝地区雅鲁藏布江以西至西巴霞曲以东的广大地域，居住着珞巴族的巴达姆、民荣等多个部落。历史上，珞巴族的许多部落自古就在雅鲁藏布江、丹龙曲和布拉马普特拉河交汇处淘金和捕鱼。自英国殖民者吞并阿萨姆后，曾多次派人进入珞巴族居住的地区，以寻找通往藏区的商道，但遭到珞巴族各部落的抵制和拒绝。其后，英国人通过挑拨珞巴族部落之间的矛盾，从珞巴族米里人的淘

新建的西巴大桥

雅鲁藏布江与多雄拉河汇合处

金者手中获取利益。1848年，珞巴族杜巴人由于经济利益的冲突抓走了英国雇佣的部分淘金者，英国驻阿萨姆政治专员维特茨上尉带领士兵闯入杜巴山区，强逼放人。入侵者的专横和侵略行径激怒了珞巴族人，他们夜晚袭击了入侵者，而英国侵略者则进行了疯狂报复，焚烧了杜巴人的村庄。从此，珞巴族武装反抗侵略者的斗争愈演愈烈。1858年3月，英国殖民者派出军队100多人武装进犯，珞巴族各部落利用喜马拉雅山区高山峡谷的有利地形进行顽强抵抗，击毙了侵略军的1名军官和10名士兵，使侵略者“每前进一步，都要战斗”，只得撤回。珞巴族人民反侵略斗争所取得的胜利鼓舞和激励了人们的斗志。1859年1月，英国殖民当局调遣集结了由海军、炮兵和轻步兵三个兵种共370多人组成的“征讨军”，携带榴弹炮等先进武器，再次大规模武装进犯珞巴族山区。英勇的珞巴族人民用弓箭、用长刀等冷兵器同武装到牙齿的侵略者浴血奋战。同年1月26日，敌军夜袭民荣部落的帕西村，村民用大圆木筑了11道栅栏阻击敌人的进攻。在敌众我寡、力量悬殊的情况下，帕西村村民顽强地坚守了一天一夜，使敌人付出了惨重代价才占领了该村。附近的京空村也经过惨烈的战斗才陷落。

## 巴达姆部落的抗英斗争

1893年11月，珞巴族巴达姆部落伏击了入侵的英国巡逻队。为了报复，英国殖民当局派出了500多人的军队前去镇压。巴达姆部落人在强大的敌人面前毫不畏惧。他们用传统的通讯方式——刻木传檄：在木片上刻画外敌将入侵的标志，在木片的两端绑上红羊毛和白羊毛，红色表示坚决抵抗，白色表示绝不投降，传令各氏族和晓谕邻近部落，做好迎敌准备，决心与敌人血战到底。

1894年1月，英军开始进攻巴达姆部落波米尔村。英勇机智的珞巴族人采用了诱敌深入的战术，主动撤离了筑有坚固工事、竹签遍布的波米尔村，使敌人产生珞巴族不堪一击和害怕的错觉，并迫使英军派兵把守以分散兵力。当敌军主力继续深入进抵达布木克村时，遭到了珞巴族群众的猛烈抵抗。人们早已筑起了一道1 600多米长的坚固圆木围栏，其坚固的程度连山炮也难摧毁。在通往村庄的山道小径等必经之路上，人们到处设置竹签陷阱、地弩毒箭，令侵略者心惊胆战。珞巴族群众用弓箭、长刀等落后武器，同装备精良的侵略者浴血奋战。经过极为惨烈的拼杀争夺，英军以死伤30人的代价才攻入达布木克村。西鲁克和西普两村，亦使英军伤亡8人才陷入敌手。

西巴村的自然环境

三个村寨相继失守后，为了麻痹敌人，巴达姆部落巴杜等村的村民假装屈服归顺，派人为英军充当民工。当大批英军继续进发，将大量军需物品留放在波达克、仅留驻数十人的军队守护时，巴杜村的珞巴族群众见报仇雪恨的机会已到，派出一批英勇善战的部落战士，身藏大刀，装扮成搬运给养的民工进入营地，趁敌不备，突然抽出大刀，喊杀声骤起，将留守营地的35名英军全部消灭。继续前进的英军亦受到珞巴族其他氏族的顽强抵抗。人们砍断藤桥，堵塞道路，设置陷阱，用毒箭射杀敌人，使侵略者伤亡惨重，不得不撤退。当他们撤回波达克营地时，才发现营地早被摧毁，尸横遍野，只得仓皇败逃。不可一世的侵略者以死伤近百人的惨重代价结束了这次“征剿”。

珞巴族巴达姆等部落的这次武装抗击入侵者的斗争，给了英国侵略者以沉重打击。

珞渝地区是我国的神圣领土，是珞巴族人民祖祖辈辈生活的地方。面对拥有枪支、大炮等先进武器的侵略者，珞巴族人民没有胆怯和退缩。为了捍卫祖国的领土，保卫自己的家园，珞巴族人民用长弓、毒箭、大刀同侵略者进行了殊死的斗争，谱写了一曲曲爱国主义的颂歌。

# 走进新时代的珞巴族

1951年西藏和平解放，1959年西藏进行民主改革，珞巴族和西藏各族人民一道，实现了社会发展的历史性飞跃，获得了民族新生。改革开放以来，尤其是国家西部大开发战略和兴边富民行动的实施，为西藏边疆人口较少民族的经济社会快速健康发展提供了难得的机遇。在党和政府的关怀帮助下，珞巴族人民以极大的热情投入到发展生产、建设家园的热潮中。经过不懈努力，珞巴族地区经济文化得到了长足发展，社会面貌发生了巨大变化。

## 历史的跨越

西藏民主改革前，珞巴族社会是以部落和氏族为基础的社会结构，西藏民主改革后，部落和氏族结构被新型的社会组织和政

南伊才召村广场

权机构所取代。在珞巴族社会内部结构的变化中，原来用于标识社会地位高低的“高骨头”和“低骨头”的血统等级也已退出了历史舞台。

才召村文化室

**知识链接** **西藏民主改革** 1959年3月28日，中央政府宣布解散西藏地方政府，由西藏自治区筹备委员会行使西藏地方政府职权，领导西藏各族人民一边平叛一边进行民主改革，使百万农奴翻身获得了解放。

民主改革为珞巴族社会的生产关系和物质文化生活带来了根本性的变化。昔日生产资料的氏族所有制、家族所有制和封建领主所有制被废除，广大人民群众分得了土地、牲畜、房屋、工具和生活用品。在珞巴族生活的地域，各县、乡都成立了人民政权，由人民民主选举产生了自己的领导人，他们代表全体人民的意志，行使地方管理权。

珞巴族人民在政治上的翻身解放，还反映在新型民族关系的确立和发展上。西藏和平解放以前，珞巴族人民备受西藏三大领主的奴役和歧视，政治上无自由，甚至连基本的人身权利都被剥夺。在西藏反动上层的挑唆和民族歧视观念的影响下，长期生活在喜马拉雅山林中的珞巴族被人瞧不起，甚至被诬蔑为“野人”。西藏和平解放和民主改革，彻底砸碎了套在西藏各族人民身上的枷锁，珞巴族人民充分享受了民族平等的权利。1965年，珞巴族被认定为单一民族，作为中华民族大家庭中平等的成员出现在了中国的政治舞台上。

达木村珞巴族家庭旅社

今天，从地方到全国的历届人民代表大会和政治协商会议中，都有珞巴族以及门巴族等少数民族的代表和委员。如2008年3月召开的第十一届全国人民代表大会，西藏共有代表20人，其中藏族14人，门巴族和珞巴族代表各1人，门巴族和珞巴族代表分别是白丹措姆（女，1973年10月出生，错那门巴族）和晓红（女，1975年7月出生，米林珞巴族）。2014年3月召开的第十二届全国人民代表大会，斗玉珞巴族乡副乡长扎西央金作为珞巴族的人大代表参加了会议，她们作为西藏人口较少民族代表直接行使管理国家的权利。

达木村扎西农家乐

## 社会经济与民族教育

在国家和西藏自治区各级政府加大对人口较少民族扶持过程中，珞巴族的经济发展十分迅速。山南地区珞巴族主要分布在隆子县斗玉乡和准巴乡。2005年斗玉乡人均收入3 501元，2012年人均收入已达8 000元以上。随着兴边富民行动的实施，近年来斗玉乡的经济和社会事业发展明显加快，成效显著。

在珞巴族聚居区中，经济和社会事业发展最快的地方是位于米林县的南伊珞巴民族乡。南伊珞巴民族乡下辖琼林、南伊和才召3个行政村。1990年全乡人均收入不足千元。1998年人均收入为2 036元。2005年人均收入3 768元。2007年人均收入4 462元。2012年人均收入超过9 000元。南伊珞巴民族乡人均纯收入和现金收入已超过当地其他乡镇群众，其经济和社会事业的发展处于林芝地区前列。

在教育事业上，党和政府历来重视边疆民族地区的教育发展。西藏各级政府把民族教育作为大事来抓，不仅加大经费投入，改造和新建学校，改善办学条件，还对包括人口较少民族在内的西藏少数民族学生实行免费义务教育和“三包”（即包吃、包住、包学杂费用）政策，充分体现了党和政府对少数民族学生的关怀。

今天，西藏人口较少民族适龄儿童入学率已达100%，地处偏僻的墨脱县在2007年通过了自治区“普九”（即普及九年义务教育）验收，而错那县早在2002年便通过了自治区的“普九”验收。西藏边疆民族地区的现代教育从无到有，已呈现出立体发展的格局，形成了较完善的教育体系。

通过发展民族教

南伊村旅游产品交易市场

“万村千乡市场工程”农家店

米林县珞巴民俗文化展览厅

琼林村文化广场

达木乡小学

米林县中心小学

南伊民族乡完小

南伊乡珞巴族学生

育，西藏边疆民族地区群众的文化素质和综合素质得到大幅提升。今天，珞巴族不仅有了大批本专科毕业生，有的还考上了研究生，反映了西藏人口较少民族教育事业的发展和进步。

## 交通和通信

西藏和平解放后，各级人民政府十分重视珞巴族地区的交通建设，拨出巨款修路架桥，改善珞巴族的交通条件。

米林南伊乡的交通事业发展很快。南伊桥建成后，他们的村公路与306国道联上了网，可以说是四通八达。现在，每个村都有拖拉机和汽车，有不少人家还拥有自己的汽车。2005年，南伊乡已有55型拖拉机3台，75型拖拉机5台，手扶拖拉机14台，东风牌卡车12辆、解放牌1辆、小车3辆。今天，南伊珞巴民族乡的公路网络更为发达，林芝地区唯一的机场米林机场就建在离他们居住地不远的10余公里处。对于祖祖辈辈徒步行走、靠藤网桥独木桥涉渡的珞巴人来说，这个变化是翻天覆地的。这个世世代代生活在喜马拉雅山林里的民族，终于从封闭的山村里走了出来，他们乘坐现代化的交通工具走向了广阔的世界。

藤网桥

索桥

墨脱地区由于特殊的自然地理条件，是中国唯一一个不通公路的县，可见其交通状况的奇险。一年中，有半年时间不能与外界相通。到封山季节，连飞鸟也难飞过，被人形象地称为“高原孤岛”。为了改变墨脱的交通状况，党和政府在人力、物力和财力上做出了巨大努力。从最初修建马行道、钢索吊桥到成功修建公路，前后用了整整半个多世纪的时间。2013年10月，墨脱公

林芝机场

嘎隆拉隧道

路终于全线通车，宣告了千百年来作为“高原孤岛”和“中国唯一不通公路的县”的封闭历史的结束。

知识链接 **墨脱公路** 国家有关部委和西藏自治区组织力量联合攻关，对墨脱等地处喜马拉雅山区公路建设中特殊问题进行研究，将墨脱公路的修建与整治列入了“十一五”规划，投入巨额资金，修成墨脱公路，使边境民族走出封闭的大山。

随着交通条件的改善和经济文化的发展，珞巴族传统的通讯方法已为现代化的通信手段所取代。电视广播、程控电话、移动通信和网络信息等现代通信方式和技术，近年来在西藏边疆民族地区得到了很快发展。墨脱县目前可以收听收看调频广播节目和有线电视节目，在米林县南伊乡和隆子县斗玉乡，人们可以方便地使用程控电话、手机和网络。

在邮政建设方面，除墨脱外西藏边疆少数民族地区早就通邮，墨脱则由于条件的限制一直是邮电分营。2008年国庆前夕，墨脱县邮政局正式开业，可以开展电子汇兑、函件、包裹、报刊订阅等邮政业务，墨脱县从此结束了无正式邮政局的历史。

## 文化卫生

国家十分重视优秀民族传统文化的继承与保护。从20世纪70

年代开始，国家对西藏民族民间文化艺术遗产进行了大规模的系统普查、搜集、采录和整理工作。20世纪80年代以来，西藏自治区及各地成立了民族文化遗产抢救、整理和研究机构，展开了历史上规模空前的抢救、搜集、整理、研究、编辑、出版民族民间文化遗产的工作。在民族文化的保护与抢救过程中，珞巴族文化得到了全面的搜集、整理与保护。今天，珞巴族的服饰、珞巴族的始祖传说等优秀文化已经被列入国家非物质文化遗产名录，得到了有效的保护和传承。

我国学者对珞巴族以及门巴族等西藏边境民族进行全面系统的社会调查与研究始于20世纪70年代。中央民族大学、中国社会科学院民族研究所、西藏民族学院等教学科研机构多次派出专家，深入西藏隆子、墨脱、米林等地，对我国实际控制区内的珞巴族等边境少数民族进行历史、社会和文化的全面调查。他们在喜马拉雅东部山区的崇山峻岭和密林深处艰难跋涉，深入民族村寨，全面了解掌握了珞巴族等西藏边境少数民族的社会文化情况，当时调查搜集、拍摄录制的文字、录音、影像和实物，已经成为真实反映西藏边境少数民族当时社会状况的极为珍贵的资料，对珞巴族等民族的传统文化的保护与继承具有特别重要的意义。

本书作者陈立明（中）在米林县南伊珞巴族乡琼林村做田野调查

为了保护和继承珞巴族的传统优秀文化，已出版了多部介绍和研究珞巴族历史文化的著作，其中有《珞巴族社会历史调查》《珞巴族》《珞巴族简史》《珞巴族的社会与文化》《珞巴族文化大观》《珞巴族文学》《珞巴族民间故事》《中国珞巴族》等。

今天，珞巴族的医疗卫生事业得到了长足的发展，已建立了较为完善的医疗保健体系，人民的健康水平得到了很大的提高，尤其是妇幼保健事业发展很快。过去，珞巴族妇女缺乏妇幼保健知识，妇科病多，生育时多在田间地头，且得不到护理，产妇和婴儿死亡率很高。今天，在妇幼保健院医生的指导下，珞巴族妇女懂得了许多妇科知识，生育时多到医院生产，或由经过专门培训的产科医护人员上门接生，产妇和婴儿得到妥善的护理，因而从根本上改变了妇女儿童体弱多病，婴幼儿死亡率高的状况，人们的预期寿命已达68.99岁。

## 安居工程

安居工程是西藏开展社会主义新农村建设的重要举措。安居工程首先是在西藏边疆民族地区启动的。

米林县珞巴族早在20世纪80年代就开始了“安居工程”建设。1985年，自治区人民政府划拨46万元专款修建珞巴新村，接珞巴族群众下山定居，使长期生活于喜马拉雅山林的珞巴族群众第一次住上了宽敞明亮的房屋。2005年，南伊乡才召村被确定为

达木乡小学教师住房

社会主义新农村建设试点村，实施整村推进计划，多方筹措资金582.2万元进行村道路改造、新修住房和基本设施建设。其后又投入近300万元用于安居工程配套设施和其他社会事业建设。新建成的才召新村基本设施齐备，一栋栋具有民族风格的住房排列有序，装饰美观，村容整洁。南伊珞巴民族乡才召村共有36户161人，安居工程数年间投入已达800多万元，充分反映了党和政府以及援藏省区对珞巴族群众的深切关怀和无私帮助，充分体现了社会主义制度的优越性。

▲

珞巴族新居

墨脱县2000—2006年的七年中，各级政府落实到兴边富民行动资金2 256万元，主要用于各乡民房改造、饮水工程、马行道的建设。2007年墨脱农牧民安居工程共投资1 482.96万元，300余户1 394人受益。2008年墨脱安居工程和农房改造总投资945万，645户3 575人受益。目前，安居工程和新农村建设仍在深入推进中，广大农牧民群众得到了实实在在的好处。

这些新建房屋高大美观，室内宽敞明亮，既有着各种电器家具等现代化的室内设施，又保持着传统民居的风格，已成为当地一道亮丽的风景。

# 第二章 部落时代——珞巴族传统社会组织

采集、狩猎和原始农业的发展，使男子在谋取生活资料的生产活动中起到了主导作用，促使了珞巴族社会从母系制向父系制的转变。

20世纪70年代珞巴族儿童

生活在珞渝地区的珞巴族，由于高山大川重重阻隔，与外界联系极为困难，社会发展十分缓慢。直到20世纪50年代，珞巴族社会还处于原始社会末期家长奴隶制阶段。作为以父系氏族家长制家庭为基本单位的氏族部落社会，氏族是以血统为联系的纽带，每个小家庭都隶属于某个家族和氏族。人们以血统尊卑划分等级，没有阶级划分和阶级对抗。随着私有制经济在珞巴族社会的萌芽和发展，父系氏族制度随之走向衰落。20世纪50年代以后，珞巴族社会进入了新的发展阶段。

## 父系氏族制度

20世纪50年代初，传统的珞巴族社会还保留着父系氏族社会的浓厚残余，从中可以看到珞巴族父系氏族制度的基本特点。

氏族是构成部落的基本组织，在珞巴族社会中普遍存在着以血缘纽带为基础的氏族组织。如博嘎尔部落有萨及、东鸟、另腰、海多、达芒、崩英和嘎若7个氏族；崩如部落有比夏、夏波、米里和华多4个氏族；米古巴部落有波觉、嘎窝、雅西和米日4个氏族；棱波部落有拥当、拥让、地如、达基、达固尔、宁

20世纪70年代的琼林村

包和亚卜克7个氏族；纳部落有哈菲、哈里、捷德、基西4个氏族；义都部落有米烘、墨威、麦多、米里巴威、米日、俄莫、米梯日、义大鲁、灭嘎等10个氏族；布瑞部落有沙尼、金都、华如、西信、沙玛尔、觉拉、纳亚、诺比亚、华尔久、华那雅、银脱和夫龙等19个氏族……

## 氏族名称与氏族首领

博嘎尔部落崇拜的灵石

父系氏族的名称，多数是用氏族祖先的名字，也有少数父系氏族名称来源于地名和图腾崇拜。

每个氏族都有自己的氏族首领，在珞巴族部落中对氏族首领的叫法不一。博嘎尔部落称“根布”，希蒙部落称为“甘姆”，义都部落称“阿布拉”，阿帕塔尼部落称“布利安”等。

氏族首领并非选举产生，而是自然形成。但博嘎尔部落由于受到西藏三大领主的统治，改由领主代理人指定氏族首领（会征求群众的意见）。一般来说，氏族中经验丰富的男性长者，特别是能说会道、享有威信的人最有可能成为氏族首领。当然充当氏族首领的人，必须是中上等富裕户，不能太贫穷。当选的氏族首领没有特权，与其他氏族成员一样参加劳动，一样平均分配。他只是作为氏族集体的代言人，是氏族内部矛盾的调解者。

氏族首领的主要职责分为对内和对外两方面。对外作为氏族代表处理有关战争、和平及友好交往的事务等，向外来户收取财物，以及组织交换等；对内主要是维护氏族的习惯法、调解内部纠纷、协调成员的集体行为、组织集体生产活动和主持某些宗教活动等。

## 父子连名制

在珞巴族父系氏族社会里，男子在生产领域中起着主导作用，因而世系也以男系计算，整个社会都以男性为中心。在博嘎尔、崩如等部落的传说里，其远古祖先阿巴达尼就是男性。为了维护以男性为中心的父系氏族制度，他们实行父子连名制，即每个人的名字由父名和自己的名字两部分组成，其首字为父名，尾字为子名。如某人的祖父名字叫巴都，他父亲的名字叫都戈，他本人的名字就叫戈里。按照祖孙的顺序排列起来，就是巴都→都戈→戈里。但在日常生活里，人们习惯略去父名，男子一般叫“达X”，女子一般叫“亚X”。

博嘎尔部落妇女

博嘎尔部落男子

父子连名制是维系父系氏族制度的重要手段。在同一氏族内，每个成年人都可以说出自己亲族几代世系的谱系，一些老年人甚至能背诵本氏族十几代的谱系，把各个家庭之间的亲疏关系区分得很清楚。

世系按男性计算是父系氏族的特点。在珞巴族谱系中，一般没有女性名字传下来，主要是因为珞巴族各部落婚姻的缔结均实行氏族外婚制，女子必须离开本氏族嫁到其他氏族，且所生子女的名字只按父系连名；即便女子有名字，经历数代也就湮没无闻了。在日常生活中，妇女完全隶属于男子，这种情况反映了父系氏族中的两性对立。

## 氏族公有制

在珞巴族氏族社会中，各个氏族都有一定的居住范围，氏族之间的界限一般以山林、河流等自然标志区分。

在各氏族共同地域里，土地、猎场、河流、山林等生产资料都是氏族公有，任何家庭、家族或个人对这些生产资料都没有所有权。就土地而言，氏族成员按户享有土地使用权。由于珞巴族氏族内部实行以户为单位的刀耕火种耕作制度，人们可以随意在氏族公有土地上开垦种植，不受家族居住地域的限制，只需在烧荒前标上记号，即使在丢荒轮耕期间，他人亦不会占用。烧荒后，耕种两三年即休耕，以养地力，再选荒地开垦。绝嗣户或外迁户的丢荒地，可由其家族成员占有。每户占用土地的范围和多

传统住房

传统住房

少，根据每户劳动力的多少和强弱决定。氏族内的土地可以自由占有使用，没有土地买卖现象。

氏族土地山林的公有权，还可从外氏族的成员迁入时使用土地要交纳“礼物”这一习惯规范中体现出来。通常外来的人，每年要向所在氏族的头人交纳一定的酒和肉，以招待该氏族的全体成员。交纳的东西，称为“模宾”。如果外来人员所迁入的氏族是分布面积广、人口多的大氏族，所交礼物交到所在氏族下面的家族即可。氏族头人收到外来户交来的东西后，就由氏族头人主持宴请各户派来的一位男性代表。如果某户因故不能参加，其该得的一份酒肉等物会委托人为其带去。

## 氏族成员的权利和义务

在氏族社会早期，人们只有依靠集体的力量才能生存，个人离开集体是不可想象的，这样便产生了氏族成员间相互的权利和义务。按照摩尔根的研究，氏族在财产继承上分为三个阶段：氏族继承、同宗继承、子女继承。财产继承是氏族成员相互权利的具体表现，珞巴族的财产继承保留了宗族承袭的尾巴。若死者的儿子已成年，父亲的产业便名正言顺由儿子继承。但在没有儿子或者儿子没有成年的情况下，死者的产业则采用同宗继承法，由兄弟或侄子继承；如果没有兄弟或侄子，由堂兄弟继承；同时死者的遗妻也由兄弟继承。

◀ 珞巴族家庭

▲ 纳部落人家

氏族成员间的相互义务是多方面的。如在婚丧活动和兴建房子时的互相帮助等。抢婚和狩猎活动亦体现出氏族成员间相互支持的特点，如在抢亲过程中，同族人互相合作，一同前往；狩猎时，有些部落以氏族为单位集体围猎，所获兽肉除给射中者某些规定的部位如兽头外，其余按户均分。

## 血族复仇

血族复仇是氏族成员间相互义务的重要组成部分。“凡伤害个人的，便是伤害了整个氏族”，这就是血族复仇的根本原因。血族复仇虽然是氏族成员被杀害而采取的报复行动，但被杀害的原因，在氏族制度发展的不同阶段上有所不同，复仇的形式亦有变化。在珞巴族社会中，引起血族复仇的原因，主要是婚姻纠纷、债务、偷窃、劫掠和因外来疾病传入而导致本氏族成员的死亡等。除了最后一个因素外，其余四个因素都和私有制有着密切的关系，这样就使血族复仇在范围上和形式上相应发生了变化。就范围而论，除了氏族与氏族之间，氏族与部落之间外，还涉及家族之间，甚至是家族与个人之间。就形式来说，除了杀死凶手这一形式外，还有同态复仇，即对方氏族的人杀死了本氏族成员，本氏族的人不一定要处死真正的凶手，只要处死凶手所在氏族的同等条件的任何一个氏族成员即可。在复仇的过程中，因当事氏族或个人力量弱小不足以同仇人氏族抗衡时，又往往利用个人的财力，收买容易接近凶手的人，或求助势力强大的氏族，借以消灭仇人。这种不是利用血族的力量，而是利用个人财富的力量的复仇行为，反映了私有经济发展对氏族制度带来的深刻影响。

# 部落组织

直到20世纪50年代，珞巴族还处在从原始社会末期向阶级社会过渡的社会发展阶段，残存着较为完整的氏族、部落组织。在珞巴族社会里，若干氏族组成一个部落。珞巴族的部落共有20多个，如博嘎尔、崩如、米古巴、义都、民荣、棱波、德根、迦龙、崩尼等。珞巴族的每一个家庭和家族，都属于一定的氏族和部落。

## 部落名称与分布

珞巴族每个部落都有自己的名称。由于珞巴族的部落多，很难一一地解释各部落名称的含义。总的来说，部落名称的由来有四种情况：一是传说中的男性祖先的名字，如“崩如”“达能”“巴依”“苏龙”等。二是部落的成员虽然是传说中的男性祖先的后裔，但部落的名称已经有了变化，与最早的男性祖先的名字不

新建的部落山庄

◀ 南伊沟秋色

完全一致。如博嘎尔部落的传说，他们最早的祖先是阿巴达尼，当传到当波和嘎尔波这一代时，兄弟分开，嘎尔波的后裔发展成博嘎尔部落，当波的后裔发展成邦波等部落。三是由他称而来，如米古巴、米新巴等部落就是这样。米古巴和米新巴本是在墨脱地区的两个珞巴族部落，人数不多，且被门巴族和藏族包围着，在生活习俗等各个方面都受到门藏两族的影响。加之这些部落的成员并不纯粹是一个祖先的后裔，他们内部并没有形成统一的名称，便接受了门巴族所给予的称呼。四是由地名而来，如“希蒙”“巴达姆”等。

珞渝地区山谷纵横、地广人稀，部落之间没有严格的界限，但都有一定的范围。如博嘎尔部落，即在东拉山口沿永木河南下，至达东的广大地区，棱波部落则从达东至亚必克的西绕木河两岸，崩如部落在果麦河流域，崩尼部落在果龙河流域等。

▲ 义都部落妇女

## 语言

珞巴族的语言属于汉藏语系藏缅语族珞语支。珞巴族没有文字，直到民主改革以前都是刻木结绳记事。

在语言的使用上，珞巴族各部落都使用着同一种语言，但方言较多。博嘎尔、棱波、邦波、迦龙、民荣等的语言基本相同。在西巴霞曲流域的崩尼、崩如、玛雅、巴依、纳等部落，他们的

▲

崩尼部落妇女

关系密切，由于崩尼人最多，彼此交往用崩尼话，但亦各有方言。其中苏龙、义都等部落，使用的语言差别较大。

## 部落议事会

在珞巴族各个部落中，没有固定常设的部落组织机构，只有为了协调氏族间的行为、解决氏族成员间的纠纷、动员大家参加部落战争而组成的临时性的议事机构。不同的部落对该机构的名称不同，如巴达姆部落中，部落议事会的职能由“波古波康”代行；崩尼部落称其为“耶尔米秀”，“耶尔”为“商量”之意，“米秀”的意思是“大家”“几个人”，即共同商量的意思，其成员由各氏族派出的一名自然形成的首领组成。只有在外部威胁危及整个部落的共同利益，需要全部落的力量才能解决对外争端时，才举行部落议事会（即“耶尔活动”）。会上推选一个军事首领（即耶尔米秀成员），男的称“尼贡哈利”，女的称为“蒙贡达萌乃”，带领全体武装人员投入战斗。不过他们的指挥权力有限，在作战前的整个部署、道路选择和出兵日期等，均在耶尔甘的会议上由巫师杀鸡问卜决定。一旦战争结束，他们的职能便自动消失。

米剂杀鸡卜卦 ▶

## 道德规范

在珞巴族各部落中，一般的道德规范和风俗习惯是相同的。但由于地理上的阻隔和与外界联系紧密程度的不同，各部落自身都在变化和发展中，由此造成了道德规范上的差异。如阿帕塔尼、义都和博嘎尔等部落，其内部分为不同的等级，实行等级内婚，各等级的社会地位不能改变。但在崩尼、崩如、纳、巴依和玛雅人中，除他们不愿跟苏龙部落通婚外，一般不存在婚姻上的等级障碍。在博嘎尔部落里，可以同兄弟的妻子保有暧昧的关系。在德根部落却不能这样，否则要杀牛赔礼。米古巴部落里一些人病了，可延请藏族或门巴族的喇嘛念经驱鬼，这在其他部落里是完全没有的。民荣、巴达姆部落的未成年男女，要住在特设的公房里，直到结婚后建立新的家庭才离开。在崩尼、巴依等部落里，遇有双方闹矛盾时，彼此举行杀牲竞赛的习俗等等。这些特殊的道德规范和风俗习惯，是在各部落长期发展过程中形成的，珞巴族各部落的共同性并没有因此而湮没。

"妞布"祭神

## 部落规模

珞巴族约有20多个部落，部落规模有大有小，部落人口悬殊。大的部落如西蒙、崩尼部落人口多达数万人，而人口较少的部落如米古巴、巴依、纳和玛雅等只有数百人甚至不足百人。

珞巴族家庭

这些人口少的部落，禁止内部通婚，开展活动均以整个部落为单位。在订立盟约时，也往往同大部落中的一个氏族签订。如巴依部落与崩尼部落的莫隆氏族所订立的相互支持的盟誓就是如此。很显然，人口少的部落实行部落外婚制，订立的盟约不是部落与部落之间，而是部落与氏族之间。尽管珞巴族普遍实行氏族外婚而部落内婚制，但在人口较少的部落则难以实行，由于人口太少，很难在内部氏族间缔结婚姻，否则就无法禁止血亲婚配。加之为了维持氏族的延续和发展，弱小部落需要获得强大部落的支持，因而珞巴族的小部落多实行同其他部落联姻。

## 血统等级

在珞巴族社会中，奴隶（家奴）的出现和使用，说明等级制度在珞巴族社会已经有了较高程度的发展。事实表明，在珞巴族早期的社会观念中，对血统尊严的维护是氏族凌驾于一切之上的最高利益。西藏和平解放前，珞巴族各个部落普遍按照血统是否纯正来划分氏族成员的等级。以此为基础，社会的每个成员都属于一定的等级，等级不同，相应的社会地位也不同。虽然各部落等级的划分不尽一致，但奴役者属于高等级，被奴役者属于低等级，这种划分是明确的。也有的将其归纳为“黑骨头”和“白骨

米林县－博嘎尔部落所在地

头”。按照习惯规范，“白骨头”包括氏族祖先的后裔、在氏族谱系中连名者、严格实行部落内婚氏族外婚者的子女，即“血统高贵”的人；而“黑骨头”包括非部落血统和违犯部落内婚氏族外婚者及其子女，即“血统低贱”的人。

珞巴族各部落的等级名称不尽相同，博嘎尔部落的等级制最为典型。该部落具体划分为四个血统等级，即麦德（又称米特或阿都）、麦让、伍布、涅巴（又穆拉或阿比称）。其中麦德的等级最高，其次是麦让和伍布，涅巴的等级最低。

## 麦德

麦德是该部落最高贵的等级，他们是氏族固有成员的后裔，自认为血统纯洁，是白骨头。“麦德”在博嘎尔部落语中有“高贵”“威严”“气派”等含义，据说这个名称来源于古老神话中主宰幸福和富裕的一个鬼灵的名字。“麦德”一词有时也作“主人”的同义词使用。主要原因是这一等级的成员，只要可能都想占有涅巴，成为涅巴的主人。由于氏族公有制残余的存在，麦德在名义上都是低等级涅巴的主人。

麦德很重视血统纯洁，为了保持这一血统的高贵和纯正，人们只能在麦德之间联姻，即实行氏族外婚等级内婚制。麦德结合生育的后代仍然属于麦德等级。麦德是各氏族的主体，人数和户数都占氏族人口的大多数。

## 麦让

麦让是仅次于麦德的一个等级。“麦让”有“勇敢”“自立”的意思。麦让的来源主要有二：一是麦德等级下降而来，二是伍布等级上升而来。如果“麦德”等级的人娶了其他三个较低等级的人，他的子女将不再是“麦德”而降低一级成为“麦让”。不过，因为他们与本氏族的麦德间有血缘关系，仍保留在氏族谱系中。当“伍布”（麦让的下一个等级）经过努力积累了一定的财富，有机会娶“麦德”之女，其子女就会成为“麦让”等级。很明显，麦让是因为婚姻原因造成的，说明珞巴族等级划分的血统性质。

麦让是自由人，但永远不能恢复原来的麦德地位，不能与麦德等级通婚，从而形成了一个中间等级。实际上，他们降为这个等级也与经济地位的低下有密切的关系。不过，麦让与麦德没有从属关系，只是因为血统不纯正而降低了社会地位。只要经济条件允许，他们也可以占有涅巴。

## 伍布

伍布是次于麦让而高于涅巴的等级。“伍布”有“分支”“派生”的含义。这一等级一般都是由涅巴等级摆脱对麦德等级的依附和从属关系，成为自由人后上升而来的。能上升的主要原因大致有：第一，没有子嗣的麦德，为了死后有人送终，便挑选可靠的涅巴作为养子，让其继承家业而上升为伍布。但养子仍然是低等级，不能继承麦德血统等级地位；第二，涅巴等级经过三代以上，其子女可以上升为伍布；第三，涅巴在部落械斗中表现英勇，与主人建立了很好的感情，被主人和氏族所认可，允许其上升为伍布。

尽管伍布有了人身自由，也没有了对麦德的劳役义务，但是仍然摆脱不了依附关系。主人有事的时候，伍布会主动去帮忙。主人控制着他们的人生，甚至还可以把他们降为低等级的涅巴。如果要想摆脱这种依附关系，只有通过努力积累财富、增加影响力来改变这种局面。

## 涅巴

涅巴是与麦德对立的等级，即是四个血统等级中最低下的一个。“涅巴”在博嘎尔语中意为“压着不让抬头的人”或“被奴役的人”，即家奴或奴隶。涅巴的主要来源有：买来的奴隶及其后裔（因偿还不了债务而被迫用子女抵押）；氏族或部落械斗中虏获的战俘；主人通婚时陪嫁过来的人；涅巴的子女。由于他们不是本氏族的血统，自然被人们视为血统不纯正，因而又被称为“黑骨头”。涅巴没有人身自由，可以被主人赠送、买卖甚至杀害。

涅巴等级是珞巴族最低的等级，但是他们的地位也能发生改变，如通过赎身、交人役税、做麦德的养子、得到主人的恩惠而上升到伍布等级。

很显然，珞巴族的血统等级制度是在氏族组织的基础上产生的，并与氏族制度结合在一起。为了氏族的壮大而维护血统的尊严，是珞巴族血统等级制度长期存在的根本原因。

## 家长制家庭

父系氏族社会取代母系氏族社会以后，随着铁器在生产领域的应用，尤其是铁刀、铁斧在原始农业上广泛使用，生产力水平进一步得到发展。随着劳动生产率的提高，使原有的土地共同耕作制度变为各个家庭自行耕作成为可能。交换最初只是氏族公社的集体行为，这时已被个体家庭所取代。而个体交换的发展，尤其是与藏族交换的增加，加速了珞巴族内部的经济发展。珞巴族的家长奴隶制，就是在这样的经济基础上产生、巩固和发展起来的。

劳作中的珞巴族少女

珞巴族具有代表性的家长制家庭，一般包括家

珞巴族家庭

编竹篓的珞巴族老人

幸福的一家人

长夫妇，已婚儿子的小家庭，未婚子女和若干奴隶及其家庭。从博嘎尔部落来看，这种家庭通常较为富有，家长及其儿子往往有两个以上的妻子，整个家庭少则十几人，多则二三十人。所有人共同住在一幢长房子里。房子中间纵向排列若干火塘，中有隔墙，每个火塘为一个小家庭的起居地盘。贮存粮食的仓库建在长房外一定距离的地方。

大家庭是一个共同的经济单位，在氏族范围内占有相当数量的常耕地和刀耕火种地，养有较多的牛、猪、鸡等家禽和牲畜。男性家长是生产经营的规划者和主持者，并和家庭成员一样参加劳作。在开山季节里，由家长带领家庭成员背运产品到藏区交换。主妇一般是家长的正妻，主持全家生活。因为人口多，儿媳、女奴隶要做家务劳动，从事舂米、磨面、背水、喂猪、喂鸡等。家长的其他妻子或成年的儿子，各按分工带领奴隶和孩子进行农牧业生产。所有集体生产的粮食、畜产品全部贮入仓库。开饭时，由主妇分食，从家长到奴隶每人各分一份主食。成家的儿子、奴隶领到份饭后，各自回到自己的火塘进餐，并自备野菜、辣椒等佐食。除家长外，穿着主要靠自己编织，大家庭有时可以分配给少量羊毛。

在珞巴族的家长制家庭里，父权的特点十分突出。家长掌握整个家庭经济的支配权，家长对于家庭成员，其中包括对妻子拥有绝对权力。珞巴族妇女无论在家庭中或在社会上都处于无权的地位，她们从属于丈夫，即使是富户的主妇也是如此。珞巴族各部落不论等级高低或贫富，妇女都要被买卖，且以牛计价。在日常生活中，丈夫要求妻子严守贞操，丈夫若发现妻子另有所欢，私通者必须给予经济赔偿，丈夫则不受这方面的限制，妻子多还被看成是能干和富有的标志。妻子是丈夫的财产，丈夫可以把不守贞操的或不满意的妻子卖掉或用来抵债、配给奴隶为妻。丈夫死后，按照习惯规范实行转房制，孤儿寡母归兄弟，遗妻在同胞弟兄中转房。

# 第三章
# 山水之间——珞巴族经济生产

文献记载，18世纪，珞渝地区的珞巴族，过着“不耕不织，穴处巢居，冬衣兽皮，夏衣木叶”的游猎生活。经过一个漫长的发展过程，藏区的铁质工具传入珞巴族社会，是珞巴族社会生产力提高的一个重要因素。

洛巴族居住地域特定的自然环境和其社会生产力发展水平，决定了珞巴族传统的生产方式为采集、狩猎、刀耕火种农业和原始手工业。珞巴族男女在生产上有较明确的分工，采集、手工业和农耕的大部分工作由妇女完成，如农耕时点种撒播、栽插稻秧和田间管理等，男子一般只负责砍树垦荒、围建木篱、狩猎等重体力劳动。

采摘工具

## 采集——古老的生产活动

采集是人类最古老的生产活动方式，也是远古人类谋生的主要手段。珞巴族采集物的门类很多。粮食类主要采集“达谢”“达荠”以及山芋、山薯等块茎食物。“达谢”和“达荠”经加工可以提取出食用的淀粉，是许多部落缺粮时的重要食物补充。珞巴族的多数部落不种蔬菜，主要采集蘑菇、木耳等菌类和各种野菜以供食用。各种竹笋是珞巴人十分喜爱的蔬菜，常大量采集后

西巴村挂满枝头的葡萄

蜜桃

香蕉——野生瓜果是珞巴族重要的采摘对象

做成酸笋以便保存。珞渝地区生长着种类丰富的野生瓜果，是人们采集的重要对象。此外，人们日常使用和交换的染草、藤条，以及竹编原料、织布用的植物纤维均来自采集。

# 狩猎——重要的经济生产活动

## 弓箭起源与神话

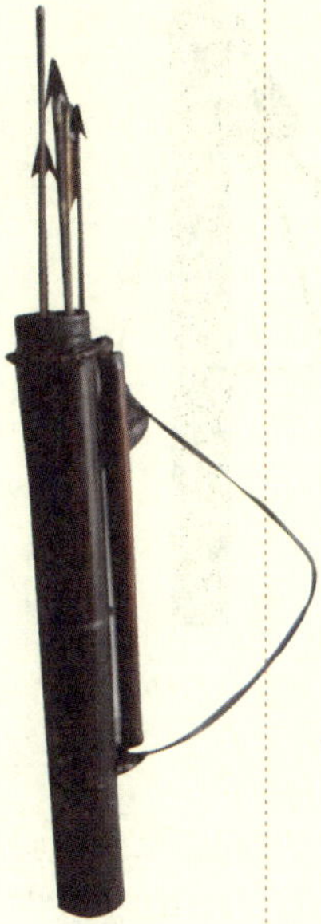

狩猎工具——传统弓箭

狩猎在珞巴族经济生产活动中占有十分重要的地位。狩猎为珞巴族提供赖以生存的肉食来源，不仅在遥远的古代，直至近代和20世纪中叶，狩猎仍是珞巴族一项重要的经济生产活动。珞巴族传统的狩猎工具主要是弓箭。珞巴族有一则讲述阿宾肯日制作弓箭过程的神话，反映了珞巴人对弓箭起源的认识：

有一天，他（阿宾肯日）经过一片竹林，走得实在太累了，就坐在竹林休息。一会儿，在竹林中跑出来一只老鼠，用它的牙齿将阿宾肯日面前的一根粗大的竹子从根上咬断了，然后，老鼠跑走了。又过了一会儿，从天上飞过来一只尖嘴

珞巴族长刀

的鸟，用它的嘴巴将倒在地上的竹子劈成了两半儿，然后，鸟儿又飞走了。再过了一会儿，从竹梢跳下来一只猴子，将已经劈成两半的竹子，又一根一根地分成宽的竹片和细的竹条，然后，猴子也跑走了。

阿宾肯日恍然大悟。他站起来，将这一堆竹片和竹条抱走了。他回到了家里，将竹片变成月牙形，绷上了藤绳，制成了弓；将竹条磨尖，制成了箭。于是，弓和箭被发明出来了。

在珞巴人的传统观念中，弓箭的制作是神话英雄阿宾肯日在各种充满灵性的动物的启发下完成的。

## 制作工艺

珞巴族尤其擅长制作毒箭，各部落都有一套制毒方法和经验。毒箭是杀伤力极强的狩猎武器，是珞巴族长期狩猎生产实践的创造。尤其是居住在南伊山沟的博嘎尔人，非常擅于制造弓箭。他们的弓一般用竹板弯制而成，长短不一，拉力不等。在弓箭材质的选择上，“博嘎尔”珞巴人也非常讲究，他们一般用麻绳或野生植物纤维拧成结实的弓弦，用竹板劈成条削成或用小竹竿制成箭杆，这种箭杆结实又有韧性。箭的尾部附有用鹰翎或竹片做成的箭羽，以保持飞行时的平衡。箭筒用竹筒制作，内装若干不同类别的箭支。用兽皮制作皮索，斜背于上身，有的皮索上还缀饰着很多兽牙、骨片或贝壳，造型十分美观和讲究。

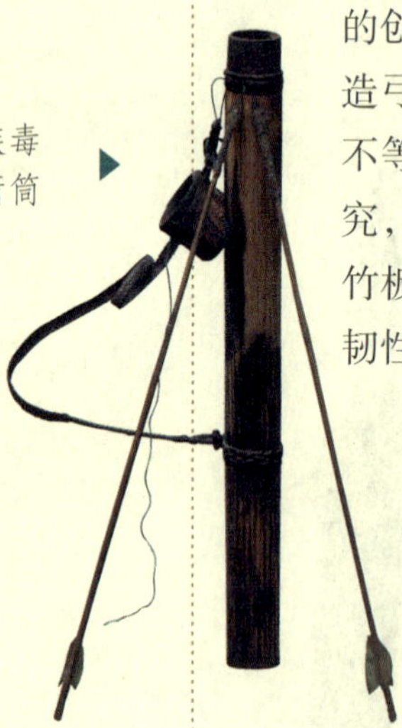

珞巴族毒箭与箭筒

箭头分为铁箭镞和竹箭镞两种。为了适用于猎射不同类别的禽兽，箭头有梭镖形、菱形、弹头形三种类型。在猎获一些大型动物如黑熊、野牛、野猪等时，一般会在箭头上涂上毒液，这样锋利的箭头射伤动物时毒液也就进入动物体内，从而增大猎人捕获猎物的概率。无毒的箭镞则用于猎获小动物时使用。

## 狩猎方式

传统捕鱼工具

洛巴族传统的狩猎方式是集体行猎。集体行猎有较固定的日期，有周密的计划和充分的准备。集体行猎以捕猎成群结队的羚牛等大中型动物为主，通常采用围猎的方式，将猎物追赶至伏击圈射杀。狩猎方法还有设围栏、安地弩、设陷阱、下套子等方法。

珞巴族长刀

## 祭祀与禁忌

在狩猎活动中，珞巴族有繁多的祭祀与禁忌。在狩猎对象上，不得捕猎图腾动物。若无意中猎杀了图腾动物，需举行仪式以避灾祸。在狩猎前的制毒过程中，切忌让他人知晓，任何人不能偷看。即使是无意中撞见了制毒，人们也认为该毒品将失去效力，撞见者要赔偿损失。出猎前一天晚上，猎人不能同妻子讲话，禁止与妻子同床。如果是个人和小集体行猎，秘密做好出猎前的准备，天不亮就出发，不能让外人知晓，不能让人发现下套和安毒箭。如发现有人跟踪、偷看，可以用箭射杀而不承担任何责任。猎人离家后，门口插新鲜树枝，三日内外人不得入内。狩猎期间，家人不能扫地、洗衣、杀牲，禁止到庄稼地干活，不然猎人不仅打不到猎物，还会在狩猎过程中摔死或发生其他不测事件，诸如会被野兽伤害，被毒箭误伤等。妻子在月经期间，猎人

各种动物皮张和标本

不能外出行猎。第一次猎获的野兽，不能拿到他人家里，其他人则可以到猎人家共享。

这些禁忌在珞巴族著名史诗《阿巴达尼》中也有反映：

林中应有林中规，
开杈的树木你莫伤；
错节盘根的大树，
切记不可刀斧扬。
林中群兽千百种，
善恶有别不一样；
花纹毛皮的大兽，
不可投箭把弓张。
钓鱼不钓歪尾鱼，
野牛幼仔要爱养；
除此之外任你杀，
保你自有肉味尝。

这些规约，体现出珞巴人的生态意识，它不仅有利于自然环境的保护，也有利于珞巴人生活资源的可持续发展。当然，在珞巴人看来还远不止此：

还应记住事一桩：
出猎祭祀切莫忘；
供奉东金和东英，
供奉山鬼和猎场。
供奉牺牲应丰盛，
鲜血鲜肉和酒香；
米剂纽布咒语诵，
鸡卜灵验主吉祥。
林中狩猎莫言语，
三五天内口莫张；
与人交谈是大忌，
激怒山鬼你命不长。

珞巴族的狩猎禁忌还集中反映在语言禁忌中。崩如、崩尼人在狩猎活动中，如安设地套捕獐子，一天不能讲话；架设围栏捕野牛，十天内不能同他人讲话。人们认为，在进行这些活动时讲

珞巴族竹弓和箭筒

话，动物会感知而受到惊吓，从而无法猎获。

狩猎时的语言禁忌，又集中表现在对所猎对象的称呼上，不能直呼野兽的名称，而要通过隐语的方式表达。崩尼和崩如人在外出狩猎时，不能像平时称獐子那样叫“秀贡”，而要改称为“阿蒙”，意为“很细的东西”。苏龙人则改称“姆希耶”，意为“细嫩竹梢”，而不能像平时那样称“姆祖瓦”。不能像平时那样称猴子为“细比耶”（崩尼语）、“波容”（崩如语）、麦稀（苏龙语），而称作“阿列毕”（叶子人）或“胜列毕”（树叶人）。如野牛，不能称“希毕”（崩尼）、“希期瓦”（崩如）、“阿希”（苏龙），而要改称为“阿屋布”“木里喂喂”“阿嘎阿毕”，意为“高个子”。如老虎，不能称“巴德”（崩尼和崩如）、“阿外波娃”（苏龙），而改称“阿巴布”（崩尼语，意为叔叔）、“阿洛多瓦”（崩如语，意为大叔）、“多洛尼”（苏龙语，意为那边的人），等等。博嘎尔人在行猎过程中称呼野兽也是采用代用名。如不能直称猴子为“雪别”，改称为“乌佑阿窝”，意为鬼灵的孩子。对狗熊忌讳直称“削冬木”而改称

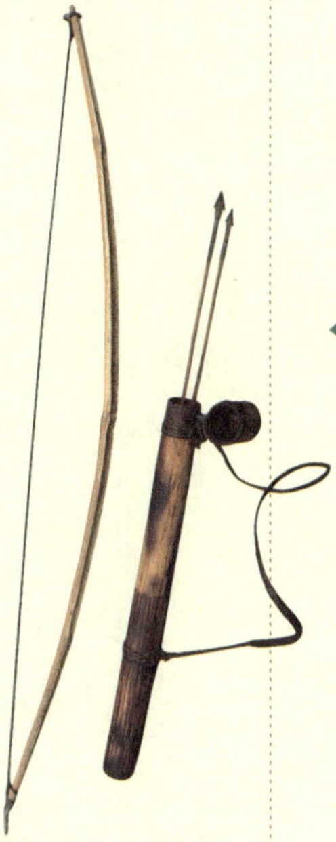

珞巴族竹弓、箭筒与箭镞

"削嘎"。对野羊不能直称"博日"而改称"削另"。对獐子讳称"索嘎"而改称"削贡"，等等。人们认为语言有一种神秘的魔力，如果直呼其名，野兽能感应到，猎人会一无所获，行猎时还会发生意外。

同时，珞巴人认为万物都有灵魂，都有神的保佑，打猎必须得到森林诸神的允许。因此，为了得到神祇的关照和保佑，在整个狩猎过程中，不但要严守种种禁忌，还要小心翼翼地供养原始神祇和狩猎神，从而出现了一系列与狩猎相关的仪式。这些仪式的起源，珞巴族通过神话做出了特有的诠释。

**知识链接** **狩猎仪式的来历**

祖先阿巴达尼的后代，有一个叫阿宾肯日的。阿宾肯日是一个好猎手。他家里的墙上挂满了兽皮，地上铺满了兽皮，梁上挂满了猛兽的头骨，就连锅灶也是用三块青牛的头骨架起来的。他的力气很大，狩猎技艺也非常高明，只有他从未被野兽伤害过……

阿宾肯日把他的狩猎技艺教给人们，又把他发明的弓和箭分送给人们，从那以后，人们每次狩猎也都丰收。

谁知，阿宾肯日的技艺和发明，使得兽神贡布荼布和畜神贡布永布大为恼火，"这样下去，我们还有什么权利了呢？"他们商量着要害死阿宾肯日。

一天，阿宾肯日背着弓和箭，又到山上打猎去了。他在山林中捕杀到一头白野猪。他怎么也没有想到，这头白野猪就是他死去的老祖母，是贡布荼布和贡布永布有意安排让阿宾肯日猎杀的。阿宾肯日将白野猪的头割下来，挂在胸前，白野猪伸出的两颗獠牙足有人的两只胳膊长，让人看了都害怕……

阿宾肯日胸前挂着野猪头往回走，不料，半路上挂野猪头的藤索断了，白野猪的两颗獠牙不偏不倚地砸在了阿宾肯日的脚背上……

阿宾肯日知道自己快死了。临死前，他嘱咐儿子们说："我死了以后，在埋葬我的坟头上会长出'达牛'（带刺的灌木）、'达盖'（生姜）、'达吉日'（竹子）和'阿刚木德贝'（一种毒草名），今后，出猎前和狩猎后，都要请'米剂'（卜师）和'纽布'（祭司）杀鸡卜卦，用我坟头上的这些东西举行祭祀。"儿子们遵循着父亲的遗嘱。从此，珞巴族有了狩猎祭祀仪式。

珞巴族狩猎祭祀的具体做法很多，以下是集体围猎羚牛的一次祭祀过程。

猎队沿着陡峭而崎岖的山路行进，每过一座山头，需抛撒一点大米，以示请主管森林的诸神灵关照。当爬上喜马拉雅山雪线附近猎区时，找一个崖洞作为藏身和堆放猎物的地方。在崖洞前插立用竹索相连的两根木杆，竹索上挂一些羊毛，举行迎请猎神和森林诸神的仪式。仪式前在地上摆放九个小竹筒，每个竹筒上放置一个鸡蛋，一边撒米粒和糌粑粉，一边唱“请神歌”：

拉索——
住在雪峰上的山神，
住在江湖里的水神，
住在峭壁上的崖神，
还有斧头把子那么小的树上，
住着的树神呵！
山林中一切野兽的保护神，
美丽的女神夏达·日嘎拉姆；
骑在扭角羚牛背上的放牧之神，
时隐时现的色玲莫琼呵！
白额头的大羚牛是你的牲畜，
黄背脊的母羚牛是你的牲畜。
请把不好好吃草，专吃草尖尖的牲畜给我们吧！
请把不好好喝水，专门弄浑水的牲畜给我们吧！
请把不好好耕地，专门踩庄稼的牲畜给我们吧！
请把抵垮石头畜圈的牲畜给我们吧！
请把扰乱山林安宁的牲畜给我们吧！
请给我们罗朗树叶子一样多的牲畜好不好？
请给我们扬场时谷粒一样多的牲畜好不好？
请给我们一百头牦牛驮不动的肉好不好……
我们的供品不给别人吃，
我们的米酒不给别人喝。
我们要敬献的对象是你啊：
住在云雾里的雪山神阿爸热巴楚古，
住在大树上的森林神阿妈阿玉色姆索朵，
还有他们的儿子崖神多吉查松，
还有火镰火石之神帕那青波……
有好处要报答，我们知道，

给东西要奉还，我们知道，

请保护我们，请庇佑我们，神呵！

歌毕，马上从竹筐里抓出一只公鸡，抽出腰刀砍断鸡头，鸡头一落地，猎手们一齐蹲下，仔细观察它的形状以获得狩猎的“信息”，决定打猎的计划和方向。在不同的部落，具体的请神歌并不一致，仪式的过程和祭祀的活动也存在差异，但无疑都是通过这种具有神秘性和神圣性的行为来为出猎活动寻求心灵上的慰藉，一方面源于对多获取猎物的渴望，同时，也体现出对万物有灵的敬畏。

集体行猎时的猎物分配按参加者均分。第一个射中者除得到均分的一份肉外，还能得到猎物的头和角，这是给予射中者最大的奖赏和荣誉。如今，珞巴族聚居的墨脱、米林等地已相继建立了国家自然保护区，集体和个人行猎已不再进行，人们的生产活动逐渐转向了农耕、编织和运输等领域。

▲

珞巴族村民饲养的家猪

▲

珞渝地区的大额牛

# 农业——悠久的历史

## 农耕神话

珞巴族从事农耕有悠久的历史。珞巴族有一则古老的神话，把农耕的起源一直追溯到女性神话祖先达萌。而新石器遗物如石锛、石斧、陶片在珞渝的发现，证明了珞巴族农耕历史的久远。传统的耕种方式除个别部落采用精耕细作外，绝大多数部落为刀耕火种。在珞巴族史诗中，也描述了刀耕火种的农业生产景象。

火鬼布秀送来火种，
达尼把火种播撒在森林草场。
群兽聚集山上起舞，
百鸟翱翔在天空歌唱。
太阳冬尼失红颜，
月亮波罗敛笑庞。
映天照地火光起，
达尼火中舞刀棒。
江昂令当送来尖木杵，
猴子百肖把木耒、木锄献上。
善鬼玛奈为达尼祈祷，
达尼把籽种埋进蒂姆胸膛。
达尼招来东布和噶布，
还有格辛雅明和海依，
请来米剂和纽布，
“耐德另达”立在地中央。
草木衰落五谷生，
金巴巴娜福祉扬。
酒神奥依娜酿酒曲，
酒歌飘香醉山冈。

▲

珞巴族铁制工具

刀耕火种农业的出现，为原始先民带来新的生活和新的希望，这段史诗不仅反映了刀耕火种的生产过程，同时融进了歌者

收割

的宗教情感。在他们看来，农业的出现也是诸神灵的恩赐，而祖先阿巴达尼是领受了诸神的旨意，取代了妇女在生产中的地位，开创了农业的新纪元。

知识链接 **斯金** 珞巴语是土地的意思。斯金金巴巴娜达萌，即“土地诞生的女儿达明”。金尼麦包，即“土地诞生的儿子麦巴”。

## 农耕工具

珞巴族先民发明创造了许多与刀耕火种生产方式相适应的农具。关于农耕工具的起源，珞巴族神话将其归功于农业始祖斯金金巴巴娜达萌和金尼麦包。神话中讲道：

干活，没有工具怎么行呢？起初，他们是用猴子的上颚骨和下颚骨当作生产工具，耙地种庄稼。这样干活可真够吃力的。金尼麦包想啊，想啊，一天，他忽然想到，地老鼠为什么能钻到地里呢？为什么能咬断树根呢？于是仿照地老鼠的牙齿制作了木锄、木钩和木耒。从此，他们有了木制的生产工具。

珞巴族传统的农耕工具以木质工具为主，铁质工具来自同藏族的交换。常见的刀耕火种工具有：

砍刀，用于砍树、砍莽丛、砍肉，也是狩猎、防身不可或缺的随身之物。

铁斧，用于砍树、劈木板和劈柴。

腰刀，防身械斗的主要武器，也是富户的重要财产。

弯刀，有大、中、小三种，系珞巴人打制。小弯刀很有特点，刀柄与刀身约成45°角，刀刃弯向外部，用于剥兽皮、削竹篾、收割稻穗等。

木锄，用木质坚硬的青冈树砍制而成，用于翻土、铲草皮和刨块根植物。

木锹，用于掘土翻地。

木耙，分四齿耙和六齿耙两种，用于平地和松土。还有一种无齿木耙，其功能与有齿木耙相同。

木杵，系用硬木棍一头削尖，用于戳穴点种。

竹刮子，用于松土和除草。

犁耕

## 农作物

珞渝地区农作物以水稻、旱稻、玉米、鸡爪谷等为主。珞巴族有关于谷种起源的三类神话，即图腾恩赐谷种、谷种出自鸟腹、劳动获取谷种。其中谷种出自鸟腹神话这样讲道：

有一次，阿巴达尼携带弓箭，出了八嘎山谷，要到帕宗邦噶地方去打猎。他刚走到帕宗邦噶，就见到一只兴阿鸟站在水边，他弯弓举箭，一箭就射中了这只兴阿。阿巴达尼把兴阿的肚子剖开，见到兴阿鸟的肚子里有许多鸡爪谷、稻谷和玉米。阿巴达尼把这些粮食种粒带回到家，交给他的儿子阿多阿布和阿多嘎布。

鸡爪谷

后来，阿多阿布和阿多嘎布把父亲交给他们的粮食种粒带到了珞渝地区。从那以后，珞渝地区才有了庄稼。

这则神话是珞巴族谷种来源神话的一个地方性文本，它解释了珞渝地区的农作物起源。在珞巴族史诗《阿巴达尼》中，也有关于谷物起源的内容：

巴奈没把地整平，
吉囊嘎那巴布巨石立当中；
巨石周围是草坪，
绿草茵茵百鸟鸣。
巴奈在草坪上放猎套，
套住天鸟当公当英；
巴奈剖开鸟肚腹，
剖出青稞、荞麦和稻谷，
从此世间有籽种。

由此可见，“谷种出自鸟腹”这一母题广泛存在于珞巴人的神话、传说和史诗中，说明粮食的起源这一母题对珞巴人来说所具有的普遍意义。

珞巴族农事活动是根据长期生产生活实践积累的物候学知识来安排的。由于珞巴族生活在高山峡谷地区，气候和植被因海拔高低的不同而差异明显，各地在农事活动的安排上各有特点。

知识链接 **崩尼部落的农事活动安排** 一月，“布格英”鸟叫，开始砍树开荒，到“捷比尔”鸟叫时（月底）砍树要结束，其时播种葫芦。二月，“波波”鸟叫，梅更加宁花开，播种早稻和鸡爪谷。三月，“宾争”鸟叫，点播不同品种的旱稻，种南瓜。四月，“支乌”鸟叫，多隆花开，种玉米、高粱。

## 古老的物候历

以鸟的叫声为时令的节点，是一种古老的物候历，这种经过长期经验所累积而形成的历法，无疑具有科学性。当然更重要的是，对于珞巴族人们来说，它具有实用性。崩尼部落的节令月的另一种表述方式同样是以鸟鸣、花开等自然物候为依据，内容如下：

达得波绿（1月）：桃树开花，吓衣亚崩花开，波基雀波鸟叫，布却更鸟叫。

劣耕波绿（2月）：达加树开花，劣耕加另开花，劣耕机劣鸟叫，巴过鸟叫。

劣则波绿（3月）：辛基树开花，混恩树开花，牙尼虫叫，兵贞鸟叫。

耶绿波绿（4月）：过朵树开花，削济亚尼花开，尼洋亚尼虫叫，却却却济鸟叫。

南伊沟深处的牧场

德绿波绿（5月）：班过果熟，另崩果熟，雅亚亚英虫叫。

辛得波绿（6月）：鲁好花开，责鲁布花开，餐都亚亚虫叫，亚德工虫叫。

辛得波绿（6月）：多哇茸出花粉，埃竹笋破土，辛得达叶虫叫。

八亚波绿（8月）：拦扎毕拉树果壳裂开，多业藤开花，兵贞、八角、尼白得得等鸟往南飞或飞走。

劣布波绿（9月）：达稀果熟，富冻达济草开花，玛富鸟叫，今冬达鲁荆虫叫。

呀劣波绿（10月）：色纳（花椒）树开花，达济树开花，虫停鸣，大多数鸟飞走了。

耶郭波绿（11月）：达毕花落，巴郎木树叶落，高山顶水道变成雪。

加咪波绿（12月）：老鼠入洞，难于猎获，山顶上雪厚，并逐渐向山下伸延。

这种方法并非崩尼部落所独有，珞巴族其他部落，也有与崩尼人大体相同的物候历。这种物候历，体现了物候与地区的海拔高低、植物品种、栽培技术等的关系。同时，还起到了年置闰的作用，是一种原始置闰方法。如米古巴部落也有类似的物候历：

1月，蛤蟆生蛋往水中跳，其时砍伐树木开荒。

2月，“八布”鸟叫，清理休耕地的树和草，烧荒。

3月，“金嘎优罗”鸟叫，种鸡爪谷和早玉米。

4月，“玛巴嘎贡”鸟、“节崩”鸟、“格格”虫叫，种水稻、旱稻。

5月，“洋洋”虫叫，种晚玉米、晚鸡爪谷……

## 耕种仪式与禁忌

传统引水渠

如果说，农业时令的掌握是农业生产获得丰收的保障，那么，在耕种中的一系列仪式和禁忌行为，在珞巴人看来也同样重要。在某种程度上，对他们来说，或许后者的作用会更加突出。巴达姆人在砍树垦荒时要举行“莫潘”仪式：由村中老人找来一些竹竿插在地上，用称为“坦”和“新康”的树枝围起来，将一个装满土和叶子的藤篮挂在树枝上，表示收获的谷物。然后在竹竿附近杀猪，以祭祀管地的精灵。口念祷词，把猪血洒在藤篮和树枝上。垦荒结束后，全村停止劳动五天。

晾晒庄稼

博嘎尔人在新开垦的耕地上种植玉米时，要举行祈求丰产的“德耐另达”仪式。在地的中央搭一祭台，供以米饭、酒、鸡、猪等祭品，祭台旁另竖立一棵去皮带枝叶的小树，上挂装有粮食的小背筐。主妇一面向山鬼地灵祈祷，一面背着大背筐绕祭台转三圈，象征已获丰收，正忙于背运粮食。仪式完后，祭家主妇以饭、酒、肉就地招待本村的妇女。

崩尼人在开播旱稻时，要举行“昂解”仪式祭祀谷灵。播种那天，天未亮本村妇女都来到祭主家的地里，祭主交叉插放三根缠有白鸡毛的木棍当祭台，祭台前燃烧牛油和稻谷壳。祭毕，才戳穴耕种。

米古巴部落每年2月有集体祭地活动。在村外搭一草棚，草棚旁边斜立两个竹槽，上端倒面糊，下端面糊滴得快就意味着丰

珞巴族传统石磨

烧荒

收。杀一头牛，把肉切成小块往草棚内抛掷，以祭祀管土地的乌佑，祈求庄稼丰收。祭祀毕，大家共同饮宴，唱歌跳舞。翌日，全村人禁止下地干活，严禁外村人进入本村和进入庄稼地。

知识链接 **收割仪式** 珞巴族还有隆重的收割仪式，为感谢土地精灵，人们要杀鸡宰猪献祭。崩尼人在旱稻成熟正式收割前，举行“昂结”仪式。仪式的第三日鸡鸣第一遍时，人们到庄稼地前，燃烧牛油和谷壳供祭后，才正式开镰收割。在收割完后，全村人饮酒唱歌，共庆丰收。

珞巴族的农业生产禁忌是与祭祀相伴生的。举凡砍伐、烧荒、播种、收割等活动，都要杀牲祭祀，随之而来的便是大量的禁忌。米古巴部落每年举行集体祭地活动，祭祀毕，严禁村人进入庄稼地，严禁外人进村。其除草祭祀亦如此。他们在第一次除草前，在地的中央立一根分杈的木头，杈两旁捆木板，在杈的底部放一木制男性生殖器。祭台搭成后，杀鸡祭祀“阿莫”和“沙塔”乌佑，以求丰收。仪式毕，任何人不得入庄稼地，如有违禁，庄稼将歉收，当事人必须赔偿，并重新举行祭仪。登尼部落

塑料大棚进入普通山村

在举行免除雹灾的有关仪式后，人们十日内不能离开庄稼地，甚至不能到别的村子去。为了使庄稼免受虫灾、兽灾及其他自然灾害，一些地区农业禁忌的时间长达三个月之久。

随着社会的发展，现代耕种技术逐渐被珞巴人所认识和接受。如今，铁质农具已广泛用于农耕生产，一些先进的农业机械如播种机、收割机、脱粒机等在珞巴族地区已广泛使用，生产力水平大为提高。

## 手工业——独特的技艺

20世纪50年代以前，珞巴族的手工业还没有从农业中分离出来，尚处于萌芽和发展的初级阶段。手工业种类主要有编织、纺织和制陶等。珞巴族擅长编织，竹编技艺高超，能编制出种类繁多且实用美观的用具和器皿。

竹编

关于农耕和手工业工具的起源，珞巴族古史歌《斯金金巴巴娜达萌》中这样传唱：

编竹筐

天派比给鲁布鸟，
教给姐弟生智巧。
比给鲁布智慧多，
送给姐弟智慧果。
从此世间人聪明，
心灵手巧百事通。
姐弟仿照肖日齿，
制作石刀和石斧。
姐弟仿照懂顿的长嘴，
制作木针和木杵。
姐弟仿照猴颚骨，
制作木钩和木锄。
百鸟刁啄百树叶，
树叶成网有孔眼。
姐弟学习百鸟艺，
编织筐篓又织衣。
姐弟学习鸟兽艺，
从此人间有技艺。

珞巴族传统手工业产品主要是为了实用的目的，多作为狩猎、农业等的补充而出现，尤其体现在弓箭的制作以及其他生产工具的制作上。当然，一些日常生活中的器具也与手工业密切相

传统纺机

纺织

关，尤其是竹编。竹、藤编织是珞巴族传统的手工业门类。珞巴人利用竹藤等植物的特性，根据生产生活的不同需求，编出不同的竹编藤编器具。既有竹篓、藤篓、竹筐、竹蓑衣、竹篮等，还有富有民族特色的板瓦形藤帽、圆盔藤帽、藤挎包、藤腰带、藤刀鞘、藤编遮羞物、篾盒等。

新中国成立以后，珞巴族的经济生产方式发生了巨大变化，传统的采集、狩猎以及粗放型的农业生产方式逐渐被现代化的农业生产方式所取代。近年来，随着旅游业等新兴产业的发展，这一趋势更加明显。

# 第四章
# 多彩生活——珞巴族民俗风情

珞巴族人民在认识自然、改造自然的漫长过程中，逐步积累了经验。各个部落根据当地资源和环境的特点，用多种方式开发自然、利用自然，在衣、食、住、行各个方面创造了具有特色的生活方式。

洛巴族的民俗风情，与其所处的自然地理环境、经济发展状况和宗教信仰等自然和社会条件密切相关。珞巴族民俗风情丰富多彩，特色鲜明、内蕴厚重，是珞巴族传统文化的重要组成部分。

# 千姿百态的服饰

珞巴族先民最初以采集树叶野草来“遮羞”，直到学会了纺织才穿上了衣服。他们的服饰因部落的不同而呈现出千姿百态的风貌，其服饰的形成和发展，与其长期从事采集和狩猎生产的活动方式息息相关。

## 服装

珞巴族由于各个部落地域气候的差异、制作技术发展的不平衡，加上外来影响不同，衣着形式和制作方法呈现多样性。

**女子服饰** 博嘎尔妇女穿称为“基都”的短上衣，是用土布缝制，包括无领、短袖、对襟等样式。下身穿用羊毛织成的粗呢紧身筒裙，称作“结邦”。小腿部绑扎裹腿。条件好的人家外面罩一件称作“阶纳布”的披肩。制作衣服的传统方法是用刀裁切和竹针缝合。

20世纪70年代的珞巴族小姑娘

博嘎尔部落
妇女服饰

少女服饰

希蒙妇女穿白色或蓝色的宽大对襟短上衣。裙子为白底带棕褐色或棕黑色的条纹，裙子穿在肚脐以下。巴达姆、民荣妇女穿宽大的长袖上衣，袖口上有黄色图案镶边。裙子下摆较宽，裙子上织有黄红色与粉红色或与黄黑色相间的平行线和“之”字形与三角形的图案。米古巴妇女喜欢穿用猴子皮缝制的衣服。

崩尼妇女上衣叫“尼麦埃济”，用“达诺”“布素”“哈仁”等野生植物纤维织成的土布缝制。先将两块黑色或红色的土布缝合成长条毯状，长为自身的两庹，宽为自身的一庹。穿时将衣的一边角搭于左肩，一端从胸前经右臂内从左绕缠一圈半于右胸前，同左肩衣边经背部绕至右臂内的衣边角相接，形成右衽状，袒露左肩臂（男子袒露右肩臂）。衣长至小腿，用竹签扣紧。腰部系一根称作“布署”的腰带。多数妇女还用藤条串联12个小铜钹状的“贺非”当腰带。妇女终年赤足。

**知识链接** “布署”用红、黑、白、黄等染色植物纤维线织成，色彩鲜艳。

男子服饰

**男子服饰** 博嘎尔男子上身内穿自制的野牛皮、山羊皮或藏式氆氇长袍，外罩山羊毛纺织的黑色套头大坎肩。坎肩用长条窄

男子熊皮盔帽

幅氆氇制成，前后上下一样宽，不挖领，中间留一缝口套头。过去男子下身一般不穿衣物，只系遮羞布，从前面垂下，兜上后腰。博嘎尔人制作衣服的方法简单。皮革加工的方法是，将剥下的兽皮铺平，用竹棍支撑晒干，然后用石头、木铲或刀子把皮削薄并去油脂，或两人拉着皮子在木头上来回摩擦，待皮子削薄且油脂去净后，涂上狗熊油将皮张拉直风干即制成了可供做衣服的皮张。用刀裁衣，用竹针缝纫。缝制土布一般用麻线或叫“郎蒂”的纤维制作的线，缝纫皮革则用一种叫作“乌格”的藤皮。

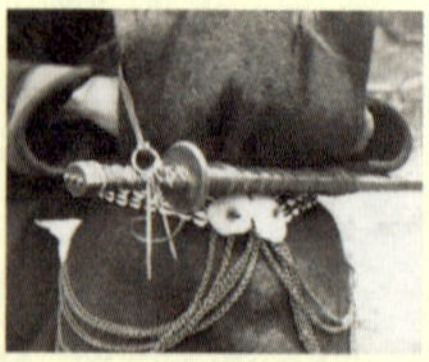

男子腰饰

崩尼和崩如部落男子的上身衣服叫“尼嘎埃济”。它用竹针将两块窄幅土布缝合而成，呈长条毯状，长为自身的二庹半，宽为自身的一庹去半手臂。穿戴时将布围裹于身。衣服多为黑色或本色。崩尼人的纺织工艺较发达，能纺织出各种花卉和鸟形图案。崩尼青年男子的上衣常用织有粗条相间的花纹布，有的还在上面用色线纺织出一只或数只蝙蝠、各种鸟的图案花纹。过去，男子下身不穿裤裙，而用长条土布遮羞。

男子戎装

珞巴族妇女

生活在米林、隆子、墨脱等地的珞巴族，今天的生活条件已大为改善。人们既着传统服装，也着各式藏装和汉装。服装的种类、质料和式样十分丰富。

## 配饰

珞巴族的配饰种类很多。一般而言，女性配饰有小铜铃、为乌（腰环）、笛路（腕饰）等。男性的配饰主要为弓箭、弯刀、兽牙等。根据佩戴的部位分为头饰、腰饰、腕饰等。

骨制手镯

腰饰

▲

嵌绿松石
银耳环

**头饰** 珞巴族的头饰包括发式和耳饰。博嘎尔部落男女均蓄长发，额前部分平齐眉际，其余的散披于两肩和颈后，无男女之别。崩尼部落男女均留长发，男子在前额挽一个海螺形的大发髻，发髻上横插一根木签或竹签。崩如人中的勇敢善战者在大发髻上要缠上数圈细藤。崩尼和崩如妇女将头发扎成辫子盘在头上，发上系红蓝色线，有的则散发披肩，头上戴一种称作"玛尼"的饰物，用一束束五颜六色的小串珠并排缠在头上。

珞巴族许多部落的男女都戴耳饰。

阿巴达能男子的双耳挂缀两三个圆形藤质或金属耳环，妇女耳垂穿孔很大，可以同时戴一个大耳环和数个小耳环。

崩尼部落男女均戴大耳环，铜质耳环称为"阿龙"，锡耳环叫"日济"。

布瑞部落在耳垂上穿孔，悬挂小串珠子或戴藤质、金属耳环。

德根妇女和少年戴用鹿毛做成的耳环，做法是将鹿毛缠在金属丝上，各配上一个淡蓝色的珠子。

妇女背饰 ▶

阿兴部落男女戴的耳环很大，耳环的前端有一底座，上面镶三块宝石，底座下方吊数串珠子，珠子下方还饰有一对红色的棉毛穗子。由于这种耳环贵重，为防丢失，便用一条双股银链固定在底座上。

巴达姆和民荣部落妇女的耳饰是用6~7个银线圈卷成的螺旋体，戴在耳垂的孔内，把耳垂撑得很大。在螺旋体的耳饰内，穿有一根藤线，上挂若干珠子和小铃铛。

▲

布鲁——女式铜饰腰带

**腰饰** 珞巴族对腰饰十分重视，男女都要系一条考究的腰带。有藤编的、皮革制作的、缀有许多贝壳的或用羊毛编织的等类别。

▲

达严节帮——贝壳腰饰

博嘎尔部落男女腰部均佩饰带。饰带用兽皮制作，带面上缀满了一排排兽牙或海贝，两端各缀接一块磨制近似方形的大螺壳。佩戴时，把两端扣拢于脐部正中。饰带下悬吊数根金属链条，每根链条的一端系结于脐部正中，另一端分别系结在腰部两侧，正面看上去，就是若干个左右对称的、悬于两腿前的半圆弧，显得飘逸潇洒。男子腰间还佩戴火镰、鼻烟壶和珞巴弯刀。妇女在饰带上佩挂若干小铜铃、红石串珠和大铜勺状饰物等。男子则腰间斜插长刀，肩挎长弓和箭筒，走起路来叮当作响，英姿凛凛。

**腕饰** 珞巴族各部落都喜欢戴腕饰。腕饰以戴手镯为主，质地不一，有藤、银、铜、铁等多种。德根部落的男子右手腕戴一个藤手镯，手镯上绑缠野生动物的毛；妇女则戴金属手镯，在左右腕上各戴两三个。博嘎尔部落的腕饰多用猛兽（如老虎、豹子等）的牙齿嵌在湿皮条上制成。有的人佩戴的腕饰从腕部排到肘部，成为护肘。人们也戴手镯，过去多戴藤镯和一种用“得令”树皮制成的手镯，现在则多改用银、铜等质料的手镯了。

◀ 传统饰品

# 谷类为主的饮食

洛巴族大多数部落的食物以谷类为主，主食有玉米、稻米、鸡爪谷、粟米、高粱、荞麦、青稞、薯类等。各个部落都有以采集物代食的习惯，特别是缺粮季节，他们习惯以达谢、达荠、青冈籽、竹笋或其他块根和野兽肉作为重要的食物补充。珞渝西部腹心地区的苏龙部落，到20世纪中期，谷物种植业还没有发展起来，常年以“达谢”“达荠”作为主要食物。

## 主食

**玉米和鸡爪谷** 是珞巴族大多数部落的主食。玉米可做成干食、粥糊或烙饼。其制作方法是先将玉米用手磨磨成碎渣或粉面，碎渣往往和鸡爪谷掺和，用陶锅、竹筒做成干饭，粉面则做粥糊或烙饼。玉米糊实际上是做成黏坨。做法是先把水烧开，然后将玉米粉撒入沸水中，边撒边搅，搅均匀后成黏坨，取出即可食用。烙饼是将粉加水调成稀糊，摊在灼热的石片上烙熟。鸡爪谷的食法主要是做成黏坨。其做法是先用木杵臼舂去皮壳，在铜锅里炒熟后用手磨磨成粉面，再在石锅里熬，熬时将面撒入沸水中，边撒边搅，撒完即搅成了黏坨，佐以辣椒成为人们的日常饭食。

**稻米和荞麦** 靠近平原和居住在河谷地带的部落种植水稻，一些山地部落种植旱稻和荞麦等。稻米的一种做法是用陶锅或石锅煮食，另一种做法是用竹筒煮，即截取一节竹筒，灌进大米，加入适量的水，放在火边烧烤，待竹筒外层烧烤焦煳时，饭亦熟透，割开竹筒即能食用。荞麦一般是磨面做烙饼，其制作同玉米饼。

**“达谢”“达荠”** 棕榈类野生植物，淀粉含量高，故又名木糌粑、棕心粉，经过加工后可以食用，是珞巴族许多部落的重要食物来源。

除上述几类主要饭食外，珞渝地区还有多种野生块根植物可作食物，如甘薯、山芋等，这些块根食物是人们缺粮时的重要补充。

## 副食

干辣椒

珞巴族日常生活中的菜肴有荤素之分。肉食的来源除饲养少量的大额牛、猪、鸡以外，主要通过狩猎获取。肉的烹制方式简单，一般为炖煮或烧烤。珞渝地区气候湿热，又不产盐，在狩猎季节获取大量兽肉时，通常用烤制肉干的方式保存。

在珞巴族肉类菜肴中，山鼠肉最受人喜爱，也是招待客人和送礼的上等佳品。珞渝地区江河众多，鱼类资源丰富，因而捕鱼也是珞巴族一种重要的肉食来源。鱼肉的烹制一般是放入竹筒内，或直接放在火上烧烤，或用黏泥包裹埋入火灰中焖熟；也可烤干做成鱼干，用作交换。

珞巴族的蔬菜有各种野菜、蘑菇、木耳、竹笋等。蘑菇种类多，鲜美可口；木耳生长期长，一年中大部分时间都能采集到。珞渝地区多竹林，竹笋是人们喜欢的蔬菜。每到竹笋的采集季节，人们吃住在竹林，大量采集。新鲜竹笋容易腐烂，人们在实践中创造了制酸笋保存的方法，经过加工的竹笋可以保存较长时间。酸笋可煮食、烧食，味道鲜美，是珞巴族众多部落的主要蔬菜。

珞巴族最突出的饮食嗜好是嗜酒好辣。珞巴族嗜辣味，辣椒是每餐必备的佐餐佳品。珞渝地区出产多种优质辣椒。辣椒除自食外，还是交换的重要商品。珞巴族普遍嗜酒，男女老幼都善饮。酒与辣椒，都有活血、去湿的作用，这是他们在湿热的自然环境中产生的特殊需要。珞巴族还喜食生姜。生姜有活血、去湿、祛寒的作用，还可解毒。人们出猎、远行都带生姜在身，以防毒蛇和疾病。生姜也因此成为重要祭品献给鬼灵。

## 饮料

珞巴族一般不喝茶，只喝酒。玉米酒和鸡爪谷酒是人们最常见的饮料。酿酒时，将玉米或鸡爪谷煮熟，过滤后在筐箩中摊开散热。待其温度降至与人的体温相仿时，撒上酒曲搅拌均匀，盛入垫有树叶的筐内，加盖树叶放置火塘旁使其发酵。当酒酿溢放出酒味时，将其转入葫芦或木桶，用草和泥封口，存放时间愈长愈好。要喝酒时，将葫芦或木桶中的酒酿倒入一个漏斗状竹编容器内，上浇开水，滤出的液体即为黄酒。

酒酿

用稻米或小米酿制的醪糟酒，一般在节庆时饮用。醪糟酒甘甜醇香，其制作过程同鸡爪谷酒相似：将稻米煮熟晾摊至温度适宜时，拌以酒曲发酵装桶，数日即酿成。男子喜欢喝生酒，妇女一般喝煮过的酒，煮酒时还要加入酥油，营养丰富，不仅是节庆时节的佳酿，还是妇女生育时的滋补品之一。

盛酒器具

“达谢”“达荞”不仅是许多部落食物的主要来源，还是做酒的重要原料。达谢酒的制作方法是，将树茎去皮，用刀砍成小薄片，用杵臼舂碎，煮两小时左右，滤干晾凉后，撒拌酒曲，其后的制作过程同玉米酒。

盛酒器具

珞巴族还酿制白酒。酿制过程分两步，第一步同黄酒制作。当酒酿散发出酒香味时，进入第二步，将酒酿倒入锅内加水煮。锅中放一个盆，锅口放一个装有冷水的盆当盖，并用布等物密封好锅沿。用旺火烧煮，上升的蒸气遇冷，凝结成汁液，掉入锅内的盆中，其液体即是白酒。白酒是待客的上等佳酿。

▲

木桶

## 炊具与餐具

珞巴族的传统炊具主要有竹筒、陶锅、石锅和铜锅。

竹筒，一般截取带节的竹筒长约30厘米~40厘米，竹节在底部，自然成为筒底，另截取带节的一小段竹筒长约3厘米~4厘米做盖，也有的用芭蕉叶封口。竹筒常用来焖饭、烤鱼，清香可口。竹筒也是酒具和取水用具。陶锅，博嘎尔部落称为“达干木京奇”，用它烹制食物十分可口。珞巴族还普遍使用石锅。石锅有大、中、小三种，主要用于煮饭和熬粥坨。

除常用的竹筒、陶锅和石锅外，一部分人还使用铜锅。铜锅主要来自同其他民族的交换，珞巴族内部个别部落如邦波、民荣等也能铸造少量的铜锅。铜锅价格较贵，一个家庭拥有铜锅的多少，往往成为这个家庭是否富有的重要标志。

▲

铜锅

珞巴族日常使用的餐具主要是竹木制作的。有竹盘、竹盒、竹碗和木碗等。酒具简单，主要有竹筒、竹瓢和葫芦等。如今，珞巴族的餐饮用具大为丰富。过去炊具多是陶锅或铜锅，现在陶锅已淘汰，铜锅虽有保留，但功能已经改变，较少作为炊具而主要用作饰品。炊具主要是各种型号的铝锅、铁锅和高压锅，有的

◀ 生活器具

传统生活器具

洛巴族木瓢

已经使用电饭锅、电磁炉等现代炊具。塑料、玻璃、不锈钢等制品已成为许多家庭的必备之物。

## 饮食礼仪

珞巴族一日三餐。吃饭时，饭菜由主妇按全家人头平均分配，一般围坐于火塘四周用餐。在米古巴部落，吃饭前主妇要先向火塘里抛撒少许饭、菜和酒，以祭供灶灵。

在珞巴族一些部落中，每年庄稼收割前有尝新习俗。希蒙、达额木等部落，在庄稼已成熟未正式收割前，要从地里取回一些粮食，做熟后先祭奉鬼灵，然后给猪吃，最后才能自己食用。先给猪食的习俗源于古老的猪图腾崇拜，在这些部落中盛传猪救母子繁衍人类的传说。在崩尼部落中，还有一个称为“昂结”的活动。每年开始收割稻谷时，男子上山狩猎，妇女从稻田四周手捋稻谷或小刀取穗，加工煮熟后让狗先吃。“昂结”活动结束后，主人方可正式开镰收割。让狗先尝新亦源于珞巴族的图腾崇拜。

知识链接 **猪救母子** 古代，祖先阿巴达尼和他的妻子冬尼海依及儿子遭到恶鬼格波伦布的陷害，幸遇一头母猪拯救了他们，才使他们得以子孙繁衍，有了今天的珞巴族。

酒是珞巴族必不可少的饮料。珞巴族热情好客，若家中来了客人，不论是否相识，主人会立刻请客人入座，献上家中最好的酒，每人一大瓢，轮流喝，喝得越多主人越高兴。主人还会倾其所有，拿出平时舍不得吃的山鼠肉和其他食品招待来客。在希蒙部落中，若有客人造访，饮酒习俗别有情趣：主人请贵客和亲朋到村公房“德仁”中，人们围坐一圈，中间放一大葫芦。葫芦旁，用一竹瓢从葫芦中倒出鸡爪谷酒，自喝一口，看上去是品尝酒味，实则向客人示意酒内无毒。女人将瓢中的酒倒入葫芦中，然后又舀出满满一瓢酒，先从客人敬起，一人一瓢，如此反复轮回。如果有人在某一轮中没有喝完，不能将酒倒在地上，只可倒入自己随身携带的酒葫芦，或将自己的酒敬他人。德根人待客时，主人热情地将客人迎至专供客人居住的房屋，拿来酒、肉、菜等，由客人自行杀猪、宰鸡、饮酒。主人不陪客，一切听从客人自便。

随着经济的发展和民族文化交流的广泛，珞巴族的生活习俗已发生了很大变化。今天，人们既保持着传统的生活习惯，又受到了藏、汉等民族文化的深刻影响，已广泛使用现代的炊具、餐具与饮具，许多人已习惯使用勺子和碗筷。人们日常食用的主、副食和饮料品种十分丰富，饮食结构更加合理。

# 居住——“干栏”式竹木建筑

从珞巴族的神话传说、生活习俗和文献记载看，珞巴族的祖先曾经历过穴处巢居阶段。墨脱东部地区的珞巴族在《浪错湖的来历》的神话中讲道，在东布村西面的高山上，有一个大岩洞，

传统房屋

很早以前，珞巴人就住在这个岩洞里。后来，人们为了见识洞外的风光，才从洞中走了出来。在其他珞巴族部落，也有祖先从山洞中出来的传说。如达额木部落的传说讲道：

他们的祖先原是从宫堆颇章的山洞里出来的。他走出山洞后，信步向南漫游，来到古更的一个石洞前没有路了。他向岩洞下一看，发现那里有人，便跳下去，跟他们生活在一起。他的子孙，就是后来的达额木人。

▲ 20世纪70年代的传统房屋

这个传说反映的是珞巴族早期的穴居生活。而珞巴族民荣部落流传着《麦冬海依》的神话，主要讲述麦冬海依母子婚配的过程。神话中讲道，当麦冬海依同儿子成婚后，俩人都感到很害羞，“从此再也不肯走出森林，只好像猴子那样生活在森林里”。这篇神话在一定程度上反映了人类早期巢居的历史。

20世纪50年代前，绝大部分珞巴族住宅都是“干栏”式的竹木建筑，这可能是由巢居发展而来的。珞巴族的建筑一般都建在地势高爽，有一定坡度，接近生产用地和水源的地方，因而住宅多建筑在河溪两岸的半山坡上。村落的布局是以氏族或其支系而聚居的，村庄中心一般都设有较宽敞的广场或供未婚男女青少年夜宿的长形公房。

## 民居形式

珞巴族民居形式有两类：一类是适应整个家庭居住的或作为公房的“一”字形长屋；一类是供个体小家庭居住的小栋房。

供家庭和家长制家庭居住的长屋，呈“一”字形排列，有数

达木乡卡布村民居 ▶

间或数十间不等，长的可达几十米。一般长屋住着同一家庭的若干小家庭，每一小家庭占一居室，自立火塘。如崩尼部落家长制家庭长屋叫“南塔”，是一种竹木结构的干栏式楼居建筑，分三层。第一层称为“那贡”，作堆放柴火和圈养猪、牛之用；第二层住人，叫“郭基”；第三层即顶棚，供存放工具杂物。一、三层无墙体，二层的墙体是用在两层竹篾中间夹芭蕉叶编成的大竹席，在房体四周围一圈，用藤条捆扎于木柱上。二层的入门处另用圆木或粗竹搭建阳台。长屋内根据家庭人口的多少分隔成若干间，供家庭成员居住。每间房均是一个独立的生活单位。每间房均设有火塘，火塘在屋子的中央。房间的后墙开一小门，墙外搭建一个小仓库，称作“埃令”，盛放各自的粮食和衣物等。粮仓则集体盖在远离住房的村边，以免发生火灾时被烧毁。

珞巴族新居

斗玉珞巴族民居

整栋长屋与外界的通道是阳台旁立的一根刻阶的独木梯子。长屋居室的分配为，紧靠阳台的第一间房由男性家长居住，第二间是客房，其余由每个妻子及其所生子女各占一间，按结婚先后排列。最后一间是家奴的集体居室，如有男女家奴，则另增一间，以便按性别居住。每个房间以火塘为中心分四个不同的位置：进门方向的右边称“巴布”，是男主人坐卧的位置；“巴布”的右下方正对门的一侧叫“弱登”，平常为女主人坐卧的位置，客人来时也在此入座；进门方向的左边称“物素”，一般是家庭成员坐卧的位置；靠近门边背靠门处称“过达”，一般是家奴的座位。

珞巴族的另一类长屋是供未婚青少年集体夜宿的公房，巴达姆人叫“莫休普”和“雅胜”。

珞巴族社会以一夫一妻的个体家庭为主。一夫一妻个体家庭住宅分两类，一类是干栏式小栋房，一类是地居式竹木屋。

小栋房呈方形或长方形。博嘎尔部落称“乌古”。修建时，先在底部竖“圆”木立柱，二层地板处和顶棚处架设横梁，横梁上铺设木条，房顶搭建成“人”字形，多用木板、芭蕉叶苫盖。墙壁、地板用篾席铺搭。房屋底层堆放柴火，作猪狗圈，二层住人，顶层堆放辣椒等杂物。门一般面向山坡开，门外有一阳台，在阳台靠门的两端设有男女厕所。人口多的人家把居室隔作两三间不等，每间均设火塘，由婚后的子女或奴隶分住。一般人家在靠近房子

◀ 珞巴族的石头房子

的入口处另建一耳房圈放牛羊，在房子的附近建仓库堆放粮食。

地居式住宅以苏龙人“纠杂”的修建最为典型。搭建时先在两面山墙外各竖3根立柱，中间较高那根做主梁，屋顶两边低的立柱架檐梁。主梁和檐梁之间搭加若干根木棍，上铺芭蕉叶和茅草等，用藤条拴牢，呈“人”字形。四周用竹片或粗竹席搭棚，再捆上藤条，构成墙体。室内铺竹席或木块。屋中心设火塘，火塘上方吊一个木架，供烤柴和烤肉之用。

## 居室陈设与装饰

房屋内部 ▼

珞巴族居室内部陈设简单，而装饰则十分醒目和别具特色，随处可见兽骨装饰。无论是珞巴族长屋还是小栋房，在房屋的门前、檐下，可以看到一排排野兽的头骨和蹄甲。人们将猎获到的虎、豹、野牛、熊、野猪等猛兽的头骨、下巴骨挂在门前檐下长廊中醒目的位置上，有的人家在门楣上方还要吊挂猴头骨。这些野兽的头骨是整栋房屋不可或缺的装饰品。悬挂野兽头骨是主人向世人炫耀和展示他的勇敢、力量和高超的狩猎技艺。

知识链接 **起居禁忌** 在起居禁忌上，最大的禁忌是对火塘和兽骨装饰的禁忌。珞巴族对火十分崇拜，视火塘为神圣之物，庄严之所。人们认为火塘中有灶神居住，平时十分虔诚地祭祀灶神。每当吃饭时，家庭主妇要先向火塘抛撒些饭菜、酒肉等。猎人出猎前的头天晚上和临出发时，要杀鸡祭献，祈求灶神保佑狩猎平安和获得较多的猎物。盖新房时，要小心翼翼地搭建好火塘，将家中所有的粮食和肉类各取一部分，在新搭的灶上升火煮，煮好后舀一点撒入火塘里，边撒边念祈祷词，以祭新灶。严禁从灶塘上方跨越或在灶塘上方挂放杂物。严禁用刀砍火塘四周的木架。严禁在火塘中烧禽、畜、兽毛。严禁向灶塘方向扫地和严禁向火塘中吐痰。平时不得背对灶塘而坐。由此可见火塘的神圣和珞巴人对其敬奉的程度。珞巴族的兽骨装饰也是神圣的，任何人不得随便触摸。迁居时要将兽骨背到另一住所，悬挂在屋门前檐下，旨在祈盼获得更多的猎物和展现房屋主人的胆魄以及狩猎的赫赫功绩。

# 岁时节日

珞巴族没有全民族统一的节日，各部落的传统节日无固定时间也无固定地点，还保留着早期节日的原生动态。

## “姆洛科”节

“姆洛科”节是登尼部落每年三四月春播开始前举行的一个大型节日。人们要提前几周准备好大量献祭用的禽畜。节日期间的祭祀以氏族为单位进行，主要祭祀与土地有关的“基洛”“基鲁”精灵夫妇和一个称作“基里利亚里”的神灵。祭祀地点是在村内菜园内的氏族祭台上进行，牺牲有大额牛、猪、鸡和狗等。节日期间，人们尽情玩乐，进行各种游艺活动。这是一个旨在使土地增强肥力的春季节日。

## “莫朗”节

“莫朗”节是登尼部落的又一个大型节日，一般在每年的一月或二月的第一天举行。这个节日的主要活动是身着最好服饰的男性青少年，在祭司的带领下排成单行到一村村去游行。他们经过田地时沿途撒播一些米粒，祭司念诵祷词，男性儿童和青年们高举闪亮的长刀，发出有节奏的喊声，直到队伍到达村子。青年们挥舞着巨大的竹制男性生殖器，边唱边舞。从节日的活动内容可以看到，莫朗节是一个象征丰收和繁殖的仪式。

▲

美丽的
南伊河

## "隆洛德"节

"隆洛德"节是崩如部落春耕春播开始前举行的仪式，在每年1月或2月举行，具体日期由巫师占卜确定。该节时间较长，前后历时25天。节日期间不得宰杀牲畜，以免引起鬼灵的不满而带来灾难，因此需在节前就杀好猪牛，做成肉干供节日食用。"隆洛德"节是一个地域性的节日，由几个氏族或相邻的村子联合举行。节日期间，各村相互走访和宴请，并举行抱石、跳高和射箭等体育活动。

## "尼波布"节

"尼波布"意为"盖田间小房"，这是崩尼人为夏收做准备的一个节日，约在6月左右庄稼成熟时过的节日。崩尼人为了使庄稼不受鸟兽糟蹋和防止霉烂，要在田间地旁临时搭建一间简易房子，作看守庄稼和充当库房用。收割时，先将粮食堆放在屋中，割完后才分批背运回家。搭建小房，即预示着即将收割，人们搭建完小房的当晚，要请家族近亲前来饮酒唱歌，预祝丰收。

## "安地若木"节

"安地若木"意为"庆祝割完旱稻"，这是崩尼人在收割完庄稼后庆祝丰收的节日，仪式隆重。在收割完庄稼数日内，主要杀鸡看肝择定庆祝的日子，并准备丰盛的野兽肉、家畜肉和鱼等，酿制大量的酒，请全村人到家里饮酒吃饭唱歌。由于各家选择的日子先后不一，故村内数日或十几日内都充满欢乐的气氛。

除上述常见的农事节庆外，岁时年节也是珞巴族人重要的节日，珞巴族各部落的年节无统一和固定的日期，多是在庄稼收获和月亮圆缺12次时举行，庆祝丰收和预祝即将到来的又一轮农事活动雨顺风调。

## “洞更谷乳木”节

“洞更谷乳木”节是希蒙部落一年中最大的节日，意为过年，在每年藏历12月中旬左右举行。人们在一年辛勤劳作之后，为庆祝丰收，杀猪宰牛，欢度佳节。富家在过节时要宰杀很多猪、牛，连皮砍成块，分送给同姓家族，也送一些肉给母系亲戚。父系家长在杀完禽畜之后，一个月不出门，由父系亲族前来帮助舂米、酿酒，干一些杂活。人们互相请客，在长屋内同吃同喝，欢歌起舞。

▲

墨脱的原始森林

## “梭龙社”节

“梭龙社”节是巴依部落的节日，在每年的一月左右举行，具体日期由纽布杀鸡看肝择定。节日开始的第一天上午，全部落的妇女穿着节日盛装，背着竹筐，上山采摘一种称为“果戈木”的树叶（此树叶在收割季节作垫筐底用），上放若干稻谷，高高兴兴地回家，以示新的一年获得丰收。回到家后，将采回来的树叶捆绑在房梁上，用大米磨粉后拌的粉浆洒在树枝和房梁上，以示吉庆和祈求丰收。节日期间，人们走亲串户，饮酒唱歌，举行抱石、射箭和对歌等活动，庆祝丰收。

米古巴部落一年要过两个年节。由于他们同门巴族和藏族交往密切，门、藏文化对米古巴部落影响较大，他们对新年的称呼便借用了藏语，年节日期的确定也以藏历计算。“居尼巴洛萨”，意为“12月新年”。过节前准备近一个月时间，主要是上山打猎、捕老鼠和下江捕鱼，酿制大量的酒。11月29日，家家户户开始杀猪。30日，各户在自家的粮食仓库内杀鸡，有多少种粮食就要杀多少只鸡，并祷告神灵，以祈来年种地时不烂种和庄稼获得丰收。新年第一天当公鸡第一次啼叫时，即杀大鸡一只，用清水煮熟全家分食，彼此祝福新年幸福，人人身强体壮。节日期间人们访亲会友，并习惯在新年时举办婚事。欢度年节再加婚筵的喜庆，更增添了节日的欢乐气氛。“堂波洛萨”即“正月新年”，节日9~10天。人们从12月29日开始做节日准备。“堂波洛萨”过完后，人们便开始准备新的一年的各种农事活动。

# 人生礼仪

## 诞生礼

珞巴族妇女在怀孕期，除不干特别重的活外，仍像往常一样从事劳作。妇女临产时，由有生育经验的妇女助产接生。婴儿出生后，立即用温水洗澡，用线拴住脐带，再用锋利的竹片、石片或小刀割断，将胎盘和脐带扔到林中或埋于坑内。妇女生育当天，全家停止在田地劳作和外出狩猎。

珞巴族许多部落在孩子出生的当天或一个月左右举行庆祝仪式。博嘎尔部落则有为妇女生第一胎举行的“奥波”仪式。届时，请全村生育过孩子的妇女前来，由生育最多的妇女在婴儿脖子上挂串珠，祝福孩子健康成长。

婴儿出生3天左右给孩子命名。珞巴族取名通常采用父子连名制，即孩子的名字与父亲的名字相连，其首字为父名，尾字为子名。如祖父名为杜尤，父亲名为尤甫，儿子名则为甫另，即……杜尤——尤甫——甫另……形成父系谱系。

此外，还有几种取名方法。以孩子的相貌、性格特征取名。如“亚崩”，意为不胖不瘦；“亚白”，意为肥胖；“亚基”，意为好哭；“得依崩”，意为翘嘴唇等。以动植物命名。如“达非”，意为跳蚤；“达休”，意为野猫；“黑宁”，意为竹子等。以自然物、自然现象取名。这是母亲以其分娩时的气象情况为孩子取名，带有纪念性质。如“多略”，意为闪电；“多如”，意为下大雨；“多工”，意为雷声等。以出生时间、季节取名。如“勒郭”，意为黎明；“亚结”，意为绿色季节，即夏季。珞巴族还有取贱名的习俗。父母为使孩子平安成长，能经受各种病痛和灾害的磨难，常给孩子取一些贱名。如“益博”，意为猪屎；“如益”，意为鸡屎等。

靠近藏区的一些珞巴族部落由于受藏族文化影响而取藏名。如米古巴、米新巴、巴依、纳等部落中有格桑贡却、卓玛、扎西央金、尼玛次仁等都是典型的藏名。

## 婚礼

珞巴族实行氏族外婚制，严禁本氏族的成员通婚。与氏族外婚相联系的是部落内婚制，有的部落较严格，通婚仅限于同一部落的几个氏族之间进行。在珞巴族内部，有鲜明的血统等级，即所谓“高骨头”（亦称“白骨头”）和“低骨头”（亦称“黑骨头”）等级。高骨头等级只要同其他低骨头等级的人通婚，本人及其所生子女的等级就要下降为低骨头，原等级地位永远不能恢复。这样，珞巴族婚姻的缔结又限制在同一血统等级内，不同等级的人一般不联姻。

珞巴族传统婚姻多为父母包办。一般说来，男方父母看中某家姑娘，便带上礼物，去女方家向其父母求婚。如女方父母同意，便会热情接待，随后男方择定吉日，托媒人“金多”带上礼物去女方家。女方父母会让姑娘一同接待客人，“金多”乘姑娘不备时，将事先准备好的一小块酥油抹到她的脑门儿上，这一仪式称为“打记号”。凡被打过记号的姑娘，表示姑娘已有主了，他人便不得插手，不然会引起纠纷。

在珞巴族社会中，过去普遍实行买卖婚姻。在语词的使用上，婚价都可用买卖来替代，不讲“娶妻子”，而说“买老婆”。一旦婚价议定，买方必须如数付清才能成婚。

商讨婚嫁

订了婚的青年男女交往有所限制。如果已订婚的女子同其他男子有关系，男家一般会提出退婚，索回已付的婚价。

新娘离开家

珞巴族不同部落在婚仪诸俗上不尽相同。博嘎尔部落迎娶时间有一定规定，通常在每年的9~12月间当月的上旬举行，其他季节和下旬一般不举行婚礼。具体的迎娶时日必须杀鸡看肝，选择吉日。结婚之日，新娘身着盛装，在父母、同族亲友的护送下来到男家。新娘离家时，母亲要唱送嫁歌，新娘则唱哭嫁歌。

当新娘及送亲人到达新郎家时，新郎父母要迎上前去为新娘和客人敬酒洗尘，在米剂的主持下，新娘和新郎在屋外搭的名叫“邦德”的祭台前一道握刀杀鸡，看鸡肝纹路显示的吉凶如何。杀鸡后，将鸡血和鸡毛抹一些在“邦德”祭台上以祭祀鬼灵。接着，由新郎射箭，第一箭能射中，预示今后生儿育女顺利；射不中，表明短期内不会有孩子。进屋前，还要经过搭在门口的“多崩”祭台。

新郎、新娘在“邦德”祭台前杀鸡看肝——占卜吉凶、祭祀鬼灵

进屋时，由新郎母亲牵引新娘的右手，由村中一位生育能力强、孩子多、家庭富裕的妇女牵左手，进屋后

新娘坐于巴崩位置。接着举行喝酒仪式：新郎、新娘各端一碗酒，互相敬献对方。新郎饮过的那碗酒在男宾客中传饮，新娘饮过的那碗酒在女客人中传饮。边饮酒边唱歌，由男女双方各出一人或数人对歌，主要唱珞巴族古歌和民间神话传说。

知识链接 **多崩** 用青竹削成竹花搭成的，形似彩门，正中处挂一只鸡，由新郎新娘背对背共同握刀杀鸡，然后由米剂看肝，根据肝纹判断新郎新娘的寿辰。

婚礼一般举行3天，男家杀牛杀猪招待女方亲戚，男家氏族的亲友及邻居也要带酒带山鼠肉前来祝贺。男女双方客人唱歌饮酒，通宵达旦，有的还跳刀舞助兴。一些富裕人家往往借机炫耀其财富。一次婚礼要杀20多头牛，几十口猪，制作大量的酒，邀请众亲朋吃喝10余天，没有吃完的酒肉还要分送给客人带回。婚礼期间，还举行摔跤、跳竹竿、抱石、射箭等活动。

娘家陪嫁的牛

结婚后，妇女不允许与其他男子随便交往，对丈夫要保持忠贞；男子则不受限制，有条件还可买妻。

在财产继承方面，珞巴族实行幼子继承制。大的孩子结婚后都要分家另过，幼子同父母生活在一起，由幼子负责赡养父母、养老送终。如果夫妻亡故而无子，财产由近亲兄弟继承。丈夫死，遗妻在同胞兄弟中转房，财产及其债务亦由其兄弟继承，若兄弟不愿承继，可将其遗妻在氏族内优先转卖。如果遗妻要转嫁到外氏族，则必须经亡夫近亲同意，不然会发生氏族间的纠纷甚至械斗。

亲友护送新娘去男家

**知识链接** 珞巴族各部落在离婚习俗上差异较大。在博嘎尔、崩尼和崩如等部落中，离婚现象极少，因妻子是丈夫用财物买来的，无权提出离婚；丈夫对妻子不满时，往往将其卖掉或降为家奴。而在米古巴、希蒙、民荣和巴达姆等部落中，则允许男女离婚。

迎亲途中

西藏和平解放后，居住在隆子、米林和墨脱等地的珞巴族，其婚姻形态、思想观念、男女地位已发生了根本变化。部落内婚和血统等级内婚的限制已被冲破，抢婚现象已经绝迹，只作为一种娱乐性的表演保存在婚礼中。昔日婚姻中的买卖关系，已被今

婚宴

日男女之间纯洁的爱所替代。一种自由、平等、和谐的新型婚姻家庭关系正在形成。

## 葬礼

土葬是珞巴族各部落普遍实行的丧葬方式，个别部落和部分地区还有石冢葬、崖洞葬和树葬等形式。不论采用何种葬式，珞巴族各部落都采用屈肢葬，即将尸体双臂前屈，双拳置于腮旁，两腿向前并屈呈蹲姿，使整个尸体像一胎儿形状。安葬时头向亦有严格规定，必须头西脚东，意为死者跟着太阳走了。

隆子崖葬

石冢葬

石冢葬，在隆子斗玉一带的珞巴族中流行。崖洞葬是隆子斗玉珞巴族的另一种葬式。安葬前后的活动同石冢葬相似，只是安葬时对尸体的处理方式不同，将尸体放入崖洞中，尸体呈蹲式，外用石块砌墙，封住洞口即成。

树葬，在墨脱的米古巴部落流行。人死后，用藤条捆缚放入藤筐中，停尸2~3日。过去多是选一株枝繁叶茂的大树，在树上挖一个槽，以放下尸体为限。现在常见的是找一棵分杈的树，以搁置藤筐或木箱，如果树杈放不下，就在树上用两根木头绑一个架子，将盛放尸体的木箱或藤筐放在尸架上。安放毕，在树上搭一个简易棚子，以遮阳挡雨。树葬地一般是在村庄的西面。当地的珞巴族认为，东面是“肉路”，尸体葬于东面会得罪山神，给人的直接惩罚是从此猎获不到动物。南方是“福路”，葬于该方位会阻断福泽。北方是“仇敌路”。西方是“死人路”。北和西可以葬尸，尤以西为好。有的人生前就选定了安葬的大树，家人遵嘱而行。

由于珞巴族居住地域辽阔，各部落在土葬仪礼上不尽相同。博嘎尔部落的葬俗具有代表性。人死后，给死者换上新衣服，捆缚后别上竹签，将其坐放在屋内的“光东”位置，面向西方，意为跟着太阳走了。在死者的周围放上衣饰、工具、弓箭等物，祭以酒肉饭菜。尸体一般停放3天。村中一人亡故，全村人都要停工，送一些酒和粮食到丧家吊唁，妇女陪伴丧家女性唱哭丧歌。出殡之日，全村人前来送葬。尸体背到葬地后，挖坑掩埋。挖坑时先挖一个一人多深的竖井，再往西挖约半人高、一人多深的横穴。横穴挖好后，放上死者生前穿过的旧衣服，将死者放入穴内，尸体头朝西，脚向东。安置妥当后，在横穴口竖插一排木桩以挡土，然后填土压实，高出地面形成墓冢。在坟头立一根带杈的木桩，上面挂放丧葬过程中所杀牛的牛角、死者的弓箭及一个竹篮，篮里盛放祭供的酒饭。

葬后第三日，丧家要清扫房屋，把死者用过的旧东西扔到荒山野岭。安葬后的一年内，每天亲人要送烟、酒、饭、菜到坟头祭奠。

在葬后习俗中，珞巴族的月祭和周年祭比较隆重，尤以博嘎尔部落突出。安葬满月时，丧家的亲朋、外嫁的女儿和已分家另过的儿子，带来酒、饭、菜、鸡等齐聚丧家，在死者坟前供上祭品，献上酒饭，祭毕共食。满周年时，要举行隆重的周年祭。其时，全村人停工来到丧家，各自带来一些酒肉饭食，死者离家的子女需带回猪或牛等大牲，丧家请巫师念咒作法，宰杀大量的牛、猪和鸡，祭毕由村人共同分享，并将牛角挂到死者的坟头。周年祭后，整个丧葬仪式才告结束。

# 第五章
## 神圣时空——珞巴族宗教信仰

珞巴族信仰的原始宗教自成体系，他们相信万物有灵，灵魂不死。但还没有形成神灵和鬼灵的区别。凡精灵、神灵、鬼魂、妖魔等都统称为“乌佑”。珞巴族认为，乌佑种类繁多，无处不在，给珞巴族的生产、生活带来了重大影响，因此对之十分崇拜。

珞巴族信仰原始宗教。传统的生产方式和生活方式，是孕育和诞生珞巴族原始宗教信仰的现实土壤，万物有灵和灵魂不灭观念是珞巴族的信仰基础。珞巴族原始宗教的内容和崇拜形式多种多样，有自然崇拜、图腾崇拜、祖先崇拜等。祭祀仪式繁缛，巫术活动盛行。

# 自然崇拜

自然崇拜在珞巴族信仰体系中占有突出的地位。珞巴族崇拜日月星辰、山川大地、江河湖泊。在他们看来，自然万物像人一样是有灵性的，各种神秘的自然现象，如日月升落、风雨雷电等都会对人的生产生活产生影响，人们崇拜大自然以消灾避难。

## 天体崇拜

天体崇拜是珞巴族自然崇拜的重要内容，包括对天、地、日、月和流星的崇拜，其中对太阳尤其崇敬。珞巴人认为，太阳是正义的使者和化身，它带给人间光明和温暖，备受人们崇拜。太阳在人们的观念中为女性，名“冬尼”。珞巴族许多部落，在举行大型仪式时，选出一条大而肥壮的牛，由主妇象征性地宰杀，祭祀太阳精灵。

祭祀神架

祭祀神架

在博嘎尔部落，人们在离房屋不远处搭有一个称为“嘎热”的棚架，架上用红色颜料绘画太阳形象，每年春秋两季举行祭日活动。届时，在“嘎热”架前放置一块木板和一口锅，木板上摆放酒、肉、饭等祭品，点燃松柏树枝，巫师高声诵祷词，盛赞太阳的威德。诵祷毕，杀鸡若干，将鸡血洒在“嘎热”架上，鸡头、鸡毛等挂于祭祀神架上，将酒、饭洒向空中。祭祀毕，人们在神架前集体聚餐，唱歌跳舞。举行神判时，也多在神架前举行，双方当事人须面向神架发誓，请求日灵做出公正的判决。人们视日灵为人间真理、法则和正义的监护神。

## 天象崇拜

风雨雷电、冰雹彩虹等天象变化的自然现象，在珞巴族看来背后都有精灵（珞巴语称为“乌佑”）的主使，都是珞巴族崇拜的对象，对这些自然现象有着特定的崇拜仪式。阿帕塔尼人在每年3月的科尔兰仪式中，以鸡祭祀尼

杀猪祭祀

黑·科尔兰精灵，保佑人们免遭雹灾；祈求塔贡·科尔兰精灵，保佑人们免遭雷击和淫雨。崩尼人则以猪、鸡作供，祈求黑米乌佑，使人们免受淫雨之害，以利庄稼丰收。

## 山石与水火崇拜

珞巴族居住在高山峡谷地区，十分崇拜山鬼灵石。他们认为每座山都有山鬼居住，是山的主人，所以每当人们出猎或远行时，都会杀牲祭献山鬼。居住在西藏墨脱县内的米古巴、米辛巴等部落，称山鬼为“珍布”。在他们的神话中描述，珍布撑开两腿可以踩在两个山头上，张开大口可以喝干一江水，山上的野兽动物都归它管。每次狩猎，为了不激怒山鬼珍布，取得猎物丰收，都要摆设祭台，献米、酒等祭品。

灵石

灵石

珞巴族对巨石和怪石的崇拜与对山的崇拜有着相同的心理。博嘎尔部落人在出征前后，都要到氏族的“格拉另东”神石处，绕石转圈和祭祀。阿帕塔尼部落人崇拜突兀而起的大石，认为它是主要精灵的聚集地，每逢“莫朗节”或其他季节性的仪式活动，必须祭奉这些精灵。珞巴族各部落还盛行称为“另帝达波”的栽石立约结盟仪式，祭以羊、牛、猪或狗。据说，如一方违约，石头精灵就会严惩违约之人。

水火崇拜也是珞巴族自然崇拜的内容之一。珞巴人认为江河里有水怪，湖泉中有精灵。平时，人们将鸡、鸡蛋、大米等祭品投入水中，供奉水鬼。严禁往湖、泉、江河中吐痰、扔脏物，严禁砍伐湖边、泉源和江畔的树木。另外，火也是珞巴族崇拜的对象之一，从繁多的火塘禁忌中就能看出他们对火的敬畏。

具有灵性的瀑布

知识链接 **火塘禁忌** 珞巴族视火塘为最圣洁的地方，禁止在火塘里烧禽畜及野兽的毛皮或向火塘内扫地上的脏物。

## 大地崇拜

珞巴族崇拜天父地母，对地母的崇拜后来发展为对土地的崇拜。博嘎尔人称大地为“石金地母”。土地与珞巴族的农业生产密切相关，土地是他们的衣食之源。珞巴族凡砍伐、翻土、播种、除草、收割、开仓等活动，都要择吉日，杀牲祭祀。墨脱的米古巴部落人，每年2月集体举行祭地仪式，在村外朝庄稼地多的方向搭一草棚，杀牛祭献乌佑，祈求丰收。翌日禁止村人或外村人进入庄稼地，第三天开始新的一年的农业生产。祭地仪式除有集体祭祀，在多数部落里已变成各户单独进行。

在砍树烧荒时或在开垦荒地后出现生病、死亡等不幸事故，人们会认为是树精灵在作祟，须终止该地的开垦或请巫师杀牲禳解。各部落都有两种以上的树木当作森林的代表，严禁接触、砍伐，并时常祭献。

知识链接

**“德耐另达”仪式** 博嘎尔人祈求丰收的“德耐另达”仪式，是在种植主要作物的地中央搭一祭台，供以粮、酒、肉祭品。

**“荣鄂乌佑麦”仪式** 崩尼人遇上自然灾害时，举行“荣鄂乌佑麦”仪式，在庄稼地里搭起的祭台上杀羊或猪，祭祀黑基德乃等女性乌佑，祈求禳灾使庄稼丰收。

## 动植物崇拜

珞巴族对虎、豹、熊以及树木等动植物的崇拜，是与他们的生产生活密切相关的。

门楣上辟邪的野兽头角

狩猎的对象是动物，人们在狩猎的过程中，既产生了对动物的依赖，也有对动物的恐惧，尤其是那些毒虫猛兽。加上狩猎生活的不稳定性，常使人们处于饥饿状态，人们就将获得猎物的多寡看作是各种动物精灵恩赐的结果，于是产生了动物崇拜。崩尼、苏龙、崩如人祭祀悬挂在居室墙上的野兽头骨“耶布卑”仪式，就是其中的一种。届时，巫师在头骨前搭的祭台上，祭奉猪、鸡、饭、酒等供品，祈求管理野兽的乌佑赐以猎物。村内同一氏族男子亦站立于祭台前，以示对兽灵的虔诚敬畏。动物是人们维持生存的依赖对象，但有些又与人处于相对立的状态，如虎、狮、豹、狼、野牛、毒蛇、毒虫等具有吃人、伤人的自然属性，直接威胁人们的安全，引起人们的

具有灵性的树木

恐惧，因而人们赋予它们有超自然的神秘力量。此外，在博嘎尔、崩如、苏龙和迦龙等部落，还有祭祀老虎的习俗。如有人在行猎中误伤老虎，要请巫师主持祭奠仪式，以求得老虎的宽恕。

珞巴族对植物的崇拜最初产生于原始采集和狩猎，特别崇拜竹子、带刺的灌木和生姜，每次举行狩猎祭祀都会用作祭器或祭物。博嘎尔部落的神话讲：大地母斯金生出的第一棵树是达牛，第一棵草是达盖，第一棵竹子是达吉日，后来大地母斯金才生了人。人来到这个世界后，首先就在达牛面前发誓，永结和好，祈求保佑。他们认为，达牛、达盖和达吉日，都有驱除恶鬼、阻挡邪灵的力量。而森林中的怪树或枯树，珞巴人认为那是恶鬼显现，严禁触碰和砍伐。除此之外，珞巴族还崇拜有毒植物。如米古巴和米辛巴部落崇拜“苦九龙”剧毒植物，认为其是苦九龙鬼的化身，谁得罪了它，就会被送到地下苦九龙鬼那里受难。

## 图腾崇拜

图腾崇拜是人类最古老、最普遍的原始崇拜方式。珞巴族先民认为，他们自身与自然界中的某些动物、植物、无生物和使用的工具有着一种神秘的关系，并把它们视作自己的祖先。各部落所崇拜的图腾物达百余种之多，主要有动物、植物和无生物3类。常见的图腾有虎、豹、野牛、狗、鹰、青蛙、蛇、太阳、月亮等。

苏龙部落长期过着采集和狩猎生活，保留着典型的图腾崇拜。部落里存在一些以图腾信仰相联系的氏族组。每个氏族组由两个氏族构成，分别以性质相近的动物、植物、无生物等作为自己的图腾和氏族名称。例如，石鲫和石脚是一个氏族组，他们分别以哈意树花花萼和竹屑作为自己的图腾，这两种图腾属于植物类。嘎根和嘎得也构成一个氏族组，他们分别以灶炭和灶灰作为自己的图腾，这两个图腾属于无生物类。布更和布耶同样构成一个氏族组，他们分别以鸡蛋和青蛙作为图腾，这两个图腾属于动物类。上述有关氏族图腾的产生，在苏龙部落里都有其相应的神话传说。

珞巴族男性边舞刀边呐喊，护送虎的灵魂

珞巴族其他部落的图腾崇拜情况虽与苏龙部落有差异，但也能发现图腾崇拜的痕迹。如崩尼、崩如、博嘎尔、米古巴等部落，他们信仰的图腾有虎、豹、野牛、熊、猴、水獭、鸽子、蛇、太阳、月亮、刀等30多种。这些图腾分别属于动物、植物、无生物、自然现象和工具等，它们都与珞巴族的生产和生活有着密切联系。

珞巴族对图腾物有一系列的崇拜仪式和禁忌。以虎为例，人们不能直接称虎，只能尊称它为“哥哥”“叔叔”或“爷爷”。不能吃虎肉，如果意外打死老虎时，要像安葬长辈一样举行隆重的安葬仪式。这种仪式称为“索苗仁”，猎获者家内要设虎灵堂，供献祭品。出殡时全家人列队守灵致哀，猎获者头戴孝帽，腰系孝绳，背虎头骨和竹编虎身前行，巫师和本氏族的男性成员随后，边舞刀，边呐喊，将虎的灵魂护送到设置在村外的乌佑住房，以示送还。仪式活动一般进行3—9天，期间需大量杀牲，以酒肉待客。

随着社会的发展和变迁，珞巴族部落图腾绝大多数已被遗忘，相关的崇拜仪式和禁忌也已经消失。但从残留的现象中可以看到，珞巴族曾经盛行图腾崇拜。

# 鬼魂信仰与祖先崇拜

鬼魂信仰与祖先崇拜是珞巴族原始宗教信仰的重要内容。

## 鬼魂信仰

珞巴人认为人的出生、成长和死亡均由鬼灵决定。灵魂依附于人的肉体，灵魂一旦离开肉体，就变成鬼魂，去往另外一个世界。珞巴族称灵魂为“亚珞”。在他们的观念中，灵魂只有在做

西巴村附近的灵魂洞

梦、生病或死亡时才离开肉体，但是灵魂本身不像鬼魂那样能保护或危害人，不过如果人因鬼灵作祟把灵魂丢失，就会带来不幸和灾难。灵魂也有善、恶之分。判定灵魂的善与恶，主要依据死者生前的所作所为。生前与人为善者，其灵魂也善，生前与人为恶者，其灵魂也恶。为了防止恶的灵魂作祟，给人们带来不幸和灾难，必须举行特殊的仪式进行驱赶和镇压。在许多场合下，珞巴族的原始宗教仪式、血族复仇之风、禁忌与特殊的葬仪，是出自对恶的灵魂惩罚的目的。如珞巴族认为，毁坏尸体上的某些重要器官，就会使灵魂失去某种活动能力，不能作祟和进行报复。出于这一信念，在进行血族复仇时，凡被杀的仇人，都要将其手、眼和舌等重要器官作为战利品带回。举行仪式后进行特殊处理。处死被认为是“吃人的活鬼”时，除将其全身肢解外，还要进行独特的葬法，目的都是为了制服作恶的灵魂。

## 祖先崇拜

祖先崇拜是在灵魂崇拜的基础上发展而来的。珞巴族有着浓烈的祖先崇拜情感。在他们看来，祖先的魂灵是氏族和村寨的佑护者，是子孙后代的保护神。在珞巴族中，每一个氏族和部落都有本氏族和部落所崇拜的祖先神。他们称祖先为“阿巴”，意为“祖先”和“根子”。珞巴族创造的大量祖先神话，是祖先崇拜的重要表现。虽然其中有少量神话是对女始祖的颂扬，但更多的是对父系祖先丰功伟业的赞美。其中流传最广泛、影响最大的是父系祖先系列神话《阿巴达尼》。珞巴族许多部落普遍崇拜的祖先大神是阿巴达尼。珞巴人神化那些有过贡献的氏族首领、能人和英雄，把他们当作祖先神，在举行大型宗教活动时，都特设祭台进行供祭。

# 巫师与巫术

珞巴族相信宇宙万物皆受鬼灵的支配。人们在生产生活的各个领域方面，事无巨细动辄探鬼问灵。一旦认为触犯了鬼灵，就要杀牲献祭。因而在其漫长的历史岁月中，逐渐形成了一系列的巫术活动，巫师是在这种活动的发展过程中产生的。

## “米剂”和“纽布”

珞巴族巫师按职能分为两类：一为卜卦师，称作“米剂”，另一类为祭司，称作“纽布”。米剂由男性充任，主要职责为卜卦问鬼，杀鸡看肝，也可以主持一些祭鬼禳灾的宗教仪式。米剂作法时，没有复杂的法器和神衣。“纽布”的法力远比米剂大，通晓卜卦师的司职范围，能胜任卜师的一切宗教活动，还能自由往来于鬼域世界，直接同鬼灵对话，具有驱邪镇鬼的特殊本领，被视为人间世界与鬼灵世界的特殊使者和通话人。祭司一般由久患重病或精神失常的病人病愈后充任，不限男女。在珞巴族社会中，女巫占有较大的数量。祭司根据法术的高低分为大中小三种，其中大纽布是巫术活动中最具权威的施行者，可以主持跳鬼酬神、除病禳灾和神判等大型宗教仪式。纽布施法时，需穿缀饰有虎牙、豹牙和鹰羽的“吉拉布”法

米剂观看鸡肝呈现的卦象

米剂杀鸡卜卦

衣，持“索布夏”法刀和“达吉日邦梅尼”法杖，在称为“吉箩”的法筐箩中作法。

**知识链接** 在珞巴族社会，巫师被认为是来往于人和鬼之间的使者，享有崇高的威望。人生病认为是鬼作祟，要杀大量的牲畜以驱除病魔，送走鬼怪。从事刀耕火种农业生产的珞巴族各部落都十分崇拜土地，为祈求丰收要举行各种祭祀活动。在播种完后，需在地头举行祈祷丰收仪式。庄稼收割前，亦要举行祭祀活动。新年吃年饭前，全家首先敬祖先和灶神，感谢灶神一年的庇佑，并祈求继续得到护佑以期人丁兴旺家人平安。初二，祭祀管护粮食的鬼灵，杀鸡供奉，分别用三个竹碗盛满白酒、甜酒和米饭，放在主室的木架上，祈求保佑来年人畜兴旺，粮食满仓。家里有人出远门或打猎，要杀鸡卜卦或煮鸡蛋占卜。

## 占卜

珞巴族的占卜，是想通过超自然的手段去解决生产生活中遇到的各种问题。但凡安排生产、预测吉凶、解释天象等，都要通过占卜寻求答案。珞巴族常见的占卜方法有鸡肝卜、米卜和鸡蛋卜等。

鸡肝卜是珞巴族主要的卜卦方法，盛行于各部落。卜卦时，米剂或纽布席地而坐，一手持鸡一手持刀，口诵咒语，杀鸡剖腹取肝，根据鸡肝上的卦位与卦符所呈现的颜色、粗细、明暗、凹凸、圆扁及血脉纹路的曲直、折向、起讫点等卦象，进行释疑判

占卜

定吉凶。占卜一次，常需杀鸡数只或数十只。

米卜有三种方式。一是巫师自备一碗水，将米粒投放水中观察卦象。二是巫师握米于掌中观卦象。三是巫师抛撒米粒观卦象。

鸡蛋卜，有两种方式。一种是烧烤鸡蛋。以蛋壳裂开，流出清水或泡沫为吉兆；蛋壳碎裂，发出爆炸声，蛋白蛋黄四溅为凶兆。另一种是煮鸡蛋。若鸡蛋裂开为凶兆。鸡蛋不裂，熟后取出去壳，用头发丝将鸡蛋从正中切成两半，取出蛋黄在口中轻轻嚼咬，根据蛋黄硬块的多少和大小判定狩猎的收获大小。如硬块多而大预示能猎获大兽，硬块小会猎获小兽，没有硬块则不会有收获。

## 巫术

从事巫术活动是巫师的重要职能，也是珞巴族原始宗教的重要内容。珞巴族巫术产生很早，通过神话传说可以追溯到父系祖先阿巴达尼时代。珞巴人认为，巫术力量是神奇而巨大的，可以操纵、支配和征服一切。如《宁崩鬼》中达洛的枯骨长肉而复活和《阿巴达尼和猴子比箭》中达洛的复活，都是对巫术神秘作用的描绘和想象。

珞巴族社会巫术活动繁多，仪式繁缛复杂。常见的有驱鬼巫术、招魂巫术、诅咒巫术、压魂巫术等。

驱鬼巫术，是对想象和幻想中的一切恶鬼所施行的攻击性巫术。珞巴族认为，恶鬼作祟是灾难和百病的根源，所以驱鬼巫术广泛应用于驱灾治病。如博嘎尔部落，有人患病，经卜卦确定何种恶鬼作祟后，请巫师取两根羊毛线，每根长度以能在病人胸部缠两圈为准。一根穿一颗项珠，项珠上涂白色粉末，放进竹筒里；另一根剪成若干段，巫师一面念诵咒语，一面用长刀把剪断的羊毛线挑入火塘的炭火中。此种巫术一般在上半夜进行，待到凌晨时，巫师一面诵咒，一面用刀尖将埋入炭火中的羊毛线烧结的炭球挑出放入盛项珠的竹筒中，施法后将穿在羊毛线上的项珠取出，戴在病人颈项中。

◀ 巫师作法

招魂巫术，是把失落的灵魂召唤回来的一种巫术活动，是灵魂崇拜的产物。在珞巴族中，招魂巫术多于治病，因此常与祈求巫术和驱鬼巫术结合进行。

▲ 巫师作法

诅咒巫术，是以朗诵和歌唱等语言形式达到危害对方为目的的一种巫术。这是一种古老的巫术，其中保留了不少晦涩的语言，具有明显的语言崇拜的神秘性。在崩尼、崩如等部落中，如与某人结下冤仇后，由于未能直接报仇，就请巫师施行诅咒巫术。复仇者与巫师一起到偏僻的深山野岭中，用木棍、茅草和树叶扎制一个狗的偶像，巫师一边念咒，一面杀猪、羊供祭；然后绕着偶像边跳跃边念咒语，咒语内容是让一些鬼灵去掠取仇人的灵魂，致使仇人生病而死。这种巫术也可用于反报复。

# 第六章
# 瑰丽幻想——珞巴族文学艺术

珞巴族在认识自然、改造自然的漫长岁月中，凭借实践经验的累进，丰富了知识，提高了技能，有了物质文明和精神文明的创造。在此过程中，珞巴族有对自然规律的认识，有对生产生活经验的总结，有防治疾病的传统知识，还有丰富多彩的民间文学艺术。

珞巴族没有文字，但有丰富的民间口头文学，如神话、传说、故事、古史歌、谚语和谜语等。这些口头文学，富有迷人的幻想，浓厚的生活气息和鲜明的民族与地域特色，是中华民族文学艺术百花园中的一株奇葩。

# 神话、传说、故事

## 神话

神话是珞巴族古老的文学形式，它反映了珞巴族从开天辟地人类起源到氏族社会这一漫长历程的历史变迁。

已整理出版的部分珞巴族文学作品

博嘎尔部落有关天象生成和万物起源的神话讲道：

天和地结婚以后，地母斯金第一次怀孕，但不幸流产了。斯金流出的血水，上溅天怀，变成了满天星斗和倾盆大雨；血流大地，变成了江河湖海；血水润泽，长出了树木百草；地母流产剧痛，翻来覆去，从此出现了地震和山崩；地母痛苦悲号，狂风、雷鸣、雪雹由此而生。后来，地母又怀孕了，生下了太阳九姐妹。

神话将天地人格化，解释天象的生成和万物的起源。天父地母像人一样可以结婚，还会流产，流产造成了世上万物和自然现象的出现，太阳亦是由地母生育而来，幻想奇特而瑰丽。

珞巴人中还流传有《君顿德日和特日忍让》的神话：

大地上的第一对孩子君顿德日和特日忍让，他们是夫妻，他们是兽类，头上都长有角。后来，大地又生了好多孩子。但是，君顿德日的权力最大，他对他的同胞像土一样压下来，使他的同胞无法生活下去。于是，他的同胞们便齐心协力地把他搞死了。这样，他的同胞们才得以生存下来。君顿德日死后，他的骨头变成了石头，肠子变成了竹子和藤子，肝变成了“辛丝巴孙”（一种植物，其果磨成粉可烙饼吃）。

人类起源的神话更加普遍，其中流传广泛的有《金德与龙德结婚》《猴子变人》及类似汉族所流传的女娲造人的《大神》《背库》等。其中，博嘎尔部落关于《猴子变人》的神话这样讲道：

起初，有两种猴子，一种是白毛长尾巴的，一种是红毛短尾巴的。

有一天，红毛短尾巴的猴子跑到一座大山上，把自己身上的毛都拔拉下来，放到一块岩石上，然后，拿来一块石头狠劲儿地敲，结果敲出火来了。

有了火，这些短尾巴的猴子就把弄来的食物烧熟了吃，再也不吃生冷的食物了。

从此，这些短尾巴的猴子身上不再长毛了，便成了人。起初，人还有点尾巴，但是越来越短，到后来就一点尾巴也不剩了。

有涉及图腾崇拜和群婚痕迹的神话《垛与斯罗外出寻妻》《尼英姐妹求配偶》以及《阿巴达尼试妻》。有反映“兄妹结婚”这一早期婚姻形态的神话《石金金娜乃鲁布与石金金巴巴娜》。也有对偶婚这一历史现象形象再现的神话《七姐妹决意留他》。有反映狩猎、采集、农业生产活动的神话《阿奔嘎瑞》《都姑罗英达梦教阿布达尼种庄稼》。

此外，还有反映同妖魔鬼怪做斗争的神话《育德育布德除害》和与自然界斗争的神话《金纠育帝射日》，还有反映血族复仇的神话《埃曾白玛》等。这些神话不仅具有浓厚的神奇色彩，还从不同角度反映了他们对远古历史的朦胧记忆。

珞巴族神话数量多，内容丰富，带有喜马拉雅山林的独特神韵。在生产力高度发达的当代社会，神话仅仅被视为一种文学文本。但对于浸润在神话中的珞巴先民来说，神话被视为具有神圣性的真实世界，他们不仅相信神话中所描述的事实，而且因此衍生出一系列相关的社会禁忌与规范，从而将整个社会统合进一个时空中。那些神圣性的感知，正是人们认识世界的途径，也是社会建构的方式之一。

## 传说

珞巴族的民间传说内容也很丰富，有反映他们的族源、迁徙、分布的传说，如《阿巴达尼与阿巴达珞》《列德罗登》《奥波列玛》《阿巴达尼的四个儿子》《猪的养女》等。有关于发明创造与民族交往的传说《珞巴族为什么不会做铜锅》等。此外，还有反映地方风物传说。

《浪错湖的来历》讲道：

在墨脱县东布村的西边有一座高山，山上有一个很大很大的岩洞。很早很早以前，珞巴人就住在这个岩洞里。人们在岩洞里住得太久了，很想见识见识洞外光景，大家商量着，决定到洞外走一走。这一天，人们一齐走出洞来。有一位老太婆，实在舍不得洞里甘甜清澈的泉水，便把洞里的水装进一个大葫芦里，想带出洞外。谁知，老太婆一不小心，在出洞口时摔了一跤。葫芦嘴裂开了，把水洒在了地上，便形成了今天的浪错湖。

传说叙事朴实，风土气息浓厚，表达了人们对祖先的情感和对乡土的热爱。

## 故事

珞巴族的民间故事，题材广泛、形式多样。多数故事的叙述，都有迷人的幻想和深刻的生活哲理，它常常寓褒贬于浪漫主义的情节里，以表达人们的是非、爱憎观念和情感。如反映人们征服自然而进行艰苦斗争的故事《洪水》《智勇双全的两兄弟》；歌颂勤劳勇敢和鞭挞懒汉的故事《瑞希与瑞荣两兄弟》《几督拉练》；歌颂坚贞爱情，抨击买卖婚和欺诈行为的故事《两兄弟与两姐妹》《傻小子与母鸡》《东绿准智惩霸婚人》；赞扬勤劳、机智的劳动人民和讽刺统治阶级凶残、愚笨的故事《加米央金三难杰布》《猎手当了杰布》等。还有一些故事表达出人们对一些创造发明来源的认识，如《给究鸟》：

珞渝地区有一种叫作“给究”的鸟儿，总喜欢叼食花瓣草叶。被“给究”叼食的花瓣草叶，形成整齐排列的洞眼，十分好看。

有一次，阿宾肯日来到花草丛生的山谷中，忽然发现有两只“给究”正在叼食花瓣草叶，他静静地看着。一会儿，花瓣草叶就形成了整齐排列的洞眼，比未经叼食的花瓣草叶还好看呢。

阿宾肯日回到家里，总想着那些十分好看的被叼食过的花瓣草叶。他想啊想啊，终于想出了用竹篾编织有洞眼的花瓣草叶。于是，发明了竹编。

在珞巴族的民间故事中，动物故事占有很大的比例，它以拟人的手法，寓意深刻地反映了社会生活中人与人的关系。这些故事，一方面以幻想的情节，意趣横生地解释动物的习性和外形特点，如《狮子与跳蚤比赛》《鸡爪子为什么没有肉》等。另一方面又像《小白兔用智慧争得了自由》和《蝙蝠为什么是黑的》这类故事，借助动物间的叙述，意味深长地对某些社会现象或行为予以褒贬，从中阐明某种人生哲理。

《刺猬和大象》则比喻遇事不分析的人：

印度的大象听说大山里有一个叫刺猬的，浑身插满箭，很想结识结识。一天，大象请麋鹿带信给刺猬：“请刺猬到我这里来。”

麋鹿把大象的信带给了刺猬。

刺猬从身上拔了一根刺毛交给麋鹿，说：“你把这个带给大象吧。”

麋鹿把刺毛带给了大象。

大象拿着刺毛和自己身上的毛相比，心里想：这一根毛比我身上的毛长那么多？它不知比我大多少呢。大象对麋鹿说：“我不想去见它了。”

麋鹿听说后笑个不停。直到现在，麋鹿头上还有笑出的皱纹就是那时留下来的。而我们珞巴族这里没有大象，也是因为大象怕刺猬，不敢来的缘故。

在动物故事中，还有如《阿布达尼与布耕娜鸽子结婚》《阿布达尼与禄德娜蛇王成亲》等，反映了古代的图腾崇拜。这些故事的主人公通常是动物，其形象生动可爱，故事类似寓言，寓意深刻，使人在轻松愉悦的环境中，体会到做人做事的道理。

# 古史歌

珞巴族不同部落有不同的史诗传统，但在各部落都广泛流传的古史歌主要有《阿巴达尼》《金岗岗日》《斯金金巴巴娜达萌》三部。珞巴族古史歌对于创造、演唱和聆听它的原始先民来说，不是出自审美需要的文学创作，而是万能的“灵气”，是具有实际效能的“法力”和“法器”。它产生于原始的语言崇拜和原始祭祀活动的需要。

## 《阿巴达尼》

主要歌唱神话传说中的男性祖先阿巴达尼的诞生、婚配，以及种种惊天动地的英雄业绩，是传承至今的珞巴族伟大的祖先史诗。这部史诗是对珞巴族由母系氏族社会向父系氏族社会过渡时期社会现实的形象再现。“阿巴”，珞巴语意为“根子”“祖先”，“达尼”是本名。史诗说，达尼是老虎冬日的儿子，按“父子连名制”，达尼又称“日尼”。直到现在，珞巴族男性名字的首字习惯上略去父名而直接冠以“达”字，即“达×”就是为了纪念祖先阿巴达尼。

阿巴达尼是这部史诗的中心人物，全部史诗都围绕阿巴达尼的活动展开。这部古史歌内容极为丰富，有“祖先诞生”篇章，从天地开辟、万物起源开始讲起，最后讲到祖先的诞生；“达尼娶妻”篇章，唱诵的是氏族婚配的历史；“达尼遇难”篇章，讲述达尼遭到恶魔暗算，得到施善鬼女救助的故事；“儿子遇难”篇章，讲的是达尼与妻子约会，留下两孩子在家中，不料遭到恶魔的加害，幸亏得到母猪、虫子、熊、黑鹰和白鹰的救助才幸免于难；“盟誓立约”篇章，讲述达尼与阿崩萌金（老虎）立约：“达尼成为人间主，萌金则是山林王”；“父子围鸟”篇章，唱诵种子的起源和农业发明；“划定地盘”篇章，讲述达尼的子孙后代越来越多，为了让他们自谋生路，举行了一场射箭比赛划定地盘，反映了部落的繁衍和迁徙。可以说，《阿巴达尼》是反映珞巴族父系氏族社会发展历史的壮阔诗篇。

### 《金岗岗日》

《金岗岗日》是一部歌颂狩猎英雄金岗岗日的不平凡身世、发明创造的英雄史诗。在民间，每当出猎和猎归，都要举行隆重的仪式，祭祀狩猎英雄。仪式上，由巫师专门演唱《金岗岗日》。根据演唱的内容看，史诗内容极为丰富，涉及金岗岗日的诞生、发明弓箭、制毒造镞和驰骋山林从事狩猎的赫赫功绩，是一曲英雄的赞歌。

### 《斯金金巴巴娜达萌》

《斯金金巴巴娜达萌》主要歌唱世界的形成、万物的起源和人类的诞生，是传承至今的珞巴族伟大的创世史诗。这是一部反映血缘家庭公社时期的历史，正如史诗中反复唱诵的“过去的故事要从头来讲，达萌、麦包是开章”。《斯金金巴巴娜达萌》，珞巴语“斯金”意为“大地”，“达萌”是本名，合起来就是“大地诞生的女儿达萌”。“麦包”，全称“斯金金乃乃尼麦包”，珞巴语意为“大地诞生的儿子麦包”。名字本身就反映了珞巴族母系氏族社会时普遍实行的“母子连名制”，是对母系血统的记忆。《斯金金巴巴娜达萌》是由“序歌”和六章构成。“序歌”置于全篇之首，主要讲唱祭祀的对象和目的，表达祈愿和渴求。以下六章的内容在演唱时没有明确的划分，其先后顺序也因演唱者不同而有变动。但是，透过表层语言形式，仍清楚可见其“思维—心理”逻辑，也就是说，史诗演唱者的历史感和主题感是十分敏锐和明确的，达到“丝毫不差”的惊人程度。

## 谚语和谜语

谚语和谜语是珞巴族人民长期生产生活经验的总结，也是他们智慧的结晶。珞巴族将生产生活经验以谚语、谜语的形式，口耳相传，借以达到传播知识、增长智慧、启发和教育的目的。谚语是以精练、形象的语言和反映人生哲理为其特征的。例如：

藤子虽长，但不分叉；弓箭虽分，永在一起。一根柴火难燃烧，众人拾柴火焰高。——说明人多力量大。

竹孤哪有笋，地平路好走。——劝人相互谅解、信任、友好。

人身的皮永不蜕变，蛇身的皮总要换变。——鼓励结交朋友要讲信用，永不变心。

舍得力气，财富不尽；光耍嘴皮，空话无用。修桥不修好，反掉河里得好报。没有肉苍蝇不会下蛋生蛆。——抨击恶习、讽刺搬弄是非者。

珞巴族过去缺医少药，人们患病便请巫师杀牲祭鬼，反映这一习俗的谚语有："人无病，如人有财宝；人患病，财宝就如火烧。"

反映生活阅历的重要性、妇女在生产上的重要地位及物候知识的谚语有"金银与粮本是同兄弟，金子银子不如饱肚子""加耕乃树不结果，鼠鸟从哪吃香果；妇女不辛勤耕耘，人从何饮酒吃粮""德白乃鸟叫，播种时间到"等。

珞巴族内部氏族械斗频繁，故涉及这方面的谚语比较多，例如：

豺狼在狭窄的陷阱里会摆起威武的架势，公狗在低矮的窝棚内会亮出战斗的威风。——激励参战人员与仇敌血战到底。

不让狗熊攀上青冈树枝就把它打倒，不等野猪用嘴拱地就把它射倒。——教育人要抓住战机。

谜语是一种短小而富有趣味的语言游戏。例如：

人未行，它总在人跟前；人一走，它却走在前。（手杖）

河水上面搭彩虹。（桥）

翻来倒去，装上咽下。（吃饭）

地上出来一根线，小孩个大而又多。（南瓜）

这些谚语和谜语生活气息浓郁，是珞巴族人民生产生活经验的总结和智慧的结晶。

# 音乐和舞蹈

洛巴族是一个能歌善舞的民族，每逢节庆、宴请、嫁娶或宗教祭祀等场合，他们都要举行通宵达旦的歌舞活动。

## 音乐

珞巴族在劳动场合尤其在节庆、宗教礼仪等集体活动中，人们演唱各种歌曲，其形式有独唱、对唱和排唱，以对唱为主。歌长短不定，短的只有几句，长的可唱数小时。有时还多人轮流歌唱，一唱就几天几夜。歌者演唱时，常常在传统的曲调中触景生情，感事而发随编随唱，出口成歌。内容或者取材于反映珞巴族古代社会的神话、传说、故事，或者取自当世的社会生活、家庭与婚姻、自然常识等。民歌从不同的视角展现出珞巴族广阔的社会生活画图。

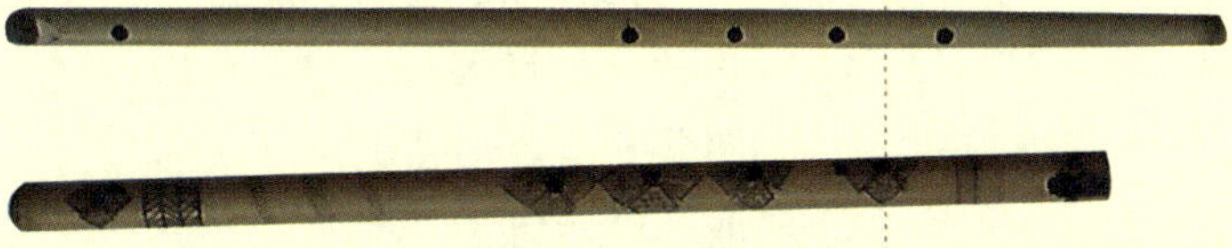

▲

五音笛

声乐是将诗歌和一定的曲调组合而成的一种歌唱形式。独具一格的《加金》是民间最古老的曲调，流行于珞巴族各部落。此外，各部落还有各自独特的曲调，这些曲调，按其内容和作用可分为下列数种：有以叙述民族来源、迁徙、历史为主要内容的《加金》《巴布达诺》《巴怒》《巴力》《阿波多叶》和《尼亚》等。有宗教仪式上演唱的《呐怒费》《哈日巴》《纽布衣》《纽布二欠得呐》《乌佑宾》《米剂乌佑白》《蒂八儿》《庙光》《达珠儿巴劣》和《莫标》等。传统珞巴社会非常重视占卜，占卜结果往往决定了一个人或家庭或者部落的行为，如普遍流行的杀鸡看肝便属于占卜活动，在看肝过程中需唱诵如下一段“庙光”问鬼咒语：

是来自左边的乌佑么？
是来自右边的乌佑么？
使这个不幸的人儿生病的，

是你或是你这不安分的精灵吗?
你这个贪婪的精灵啊,
我让不幸的人儿,满足你的愿望!
快快说出你的渴求,
我让不幸的人儿献祭供奉!
你不要藏匿你的面孔,
听从我的吩咐快来鸡肝看显相!

这是一首充满魔力的歌谣,它倾听的对象并非世俗的人,而是珞巴人普遍相信的“乌佑”,在字里行间透视出这一行为本身所具有的神圣性。在珞巴族传统的狩猎活动中,祭祀仪式行为几乎贯穿始终,而歌谣又是仪式中重要的组成部分。米古巴部落每次出猎都要举行复杂隆重的祭祀仪式和巫术活动,一次又一次地向他们崇拜的灶神问卜、祈祷,其中一首祈祷词这样唱道:

我的灶神啊,
我们把牺牲奉献;
保佑我们啊,
猎获更多的野兽。
我的灶神啊,
我们把牺牲奉献;
保佑我们啊,
猎获更多向你祭献。

这首简短的歌谣在唱诵过程中,同样被视为具有魔力。除狩猎等场合的祭祀活动中有大量唱诵歌谣的行为,在重要的人生节点上,歌谣同样是人们表情达意的工具,有男女青年两情相悦时的情歌,也有婚礼上的哭嫁歌和丧葬仪式上的哭丧歌。

珞巴族是个喜爱唱歌的民族,在结交异性的美好时光中,往往以歌传情,以歌结亲。男女青年初次相会,为了互相了解,试探对方,往往以歌逗情,委婉含蓄地唱起“逗歌”,其中一首逗歌这样唱道:

男:阿妹呀,莫躲藏,
“麦冬”篓,腰间荡,
丢一把,阿哥尝。
女:姐妹呀,要记住,

临行前，阿妈讲：
出家门，走远方，
小伙子，莫搭腔。
“麦冬”篓，炒麦香，
炒麦香，香气长，
就不给馋嘴的尝。
男：阿妹呀，莫躲藏，
俺头上，虱子痒，
抓几个，请帮忙。
女：姐妹呀，要记住，
临行前，阿妈讲：
出家门，走远方，
小伙子，莫搭腔。
头髻里，虱子痒，
虱子痒，痒得慌，
就不抓，小伙子痒。

在喜马拉雅的山林中，在江水奔涌的河畔，年轻的男女就这样用歌试探，相互结识。歌中充满了诙谐，同时也洋溢着欢乐。“逗歌”在传统珞巴族社会中非常普遍，作为男女社会交往的重要手段，也是生活的文学，充满了人性的光辉。但在婚丧仪式中的歌谣，却又被赋予了神性的观照，从而与人性交相辉映，共同构成了传统珞巴人的精神世界。珞巴族的婚嫁歌包括“嫁女歌”“哭嫁歌”“迎亲歌”。

博嘎尔部落嫁女歌：
今晚夜色清幽，
天空缀满星斗；
亲人聚首无语，
眼看孔雀飞走。
不是飞走的孔雀，
那是出嫁的姑娘；
满含热泪相送，
姑娘出嫁远方。
父母千番叮咛，

切望姑娘记清：
天有阴晴风雨，
随时莫忘保重。

将出嫁的姑娘比作孔雀，“满含热泪相送”将亲人们的不舍表现得淋漓尽致。即将远嫁他乡的姑娘，牵系着亲人们的心，最后只能在千叮万嘱中道一声“保重”。作为仪式中演唱的歌谣，或许更多的是一种程式化的展演，但歌词所传达的内容，还是使人禁不住感动。在婚嫁中，要数哭嫁歌最令人动容。旭龙部落的一首哭嫁歌如是唱道：

我是阿妈把我养大，
我留给阿妈的只有眼泪；
我是阿妈身上掉下的肉，
为什么偏要我远走？

女儿在离开母亲时的悲伤通过歌声传达出来，在场的人谁不为之动容！

婚嫁毕竟是一件令人高兴的大事和喜事，在这些不舍和悲伤的情绪之外，更多的是欢愉的场景。这样的场景，珞巴人同样可以用歌声来表达。博嘎尔部落婚礼歌反映婚礼盛况：

成群结队地背着嫁妆，
像蚂蚁似的匆匆忙忙。
邻里亲朋们熙熙攘攘，
像满天星斗笑语欢唱。
雕饰蜂巢的“空吉”叮当，
五彩串珠的“麦力”闪光。
像鹫鹰在岩山上翱翔，
嘴里叼着捕捉的羔羊。
……
婚礼的吉日冬尼祝福，
迎亲的队伍推波助澜。
沸腾的山寨啊升起彩虹，
娶亲的彩礼堆满山冈。
……

珞巴族还有反抗民族压迫、外来侵略以及进行械斗的《阿帝卡达帝呷》《饿月》等。此外，还有大量感情真挚、优美抒情的情歌，如《唉乃哟埃呐》《阿珞姑帝》《巴布墨白》《嘎尤嘎》《多唤加尤》等，以及《波力》《阿尼河》《达过目》《娜呐耶》等民间曲调。20世纪五六十年代，珞巴人的生活发生了翻天覆地的变化，在党和政府的帮助下，他们逐渐告别了刀耕火种，逐渐远离了部落仇杀、民族仇恨的时代。一个崭新的世界，崭新的生活打开了珞巴人封闭的视野，他们心中洋溢着幸福的情怀，他们急切地希望用歌来表达。在这种背景下，一些新的歌谣诞生了。生活在米林县南伊乡的博嘎尔部落人用“夹依”调热情唱道：

篝火烧得旺又旺哟，
青稞酒斟得满又满哟，
今晚上尽情地唱哟，
我要唱一支心中的歌哟。
我要唱一支心中的歌哟，
献给救星共产党哟。
我要举起青稞酒哟，
献给救星毛主席哟。
献给救星毛主席哟，
领导我们得解放哟，
博嘎尔人民翻了身哟，
我们的家乡变了样哟。
我们的家乡变了样哟，
社会主义是方向哟。
要问幸福哪里来哟，
高声歌唱社会主义好哟。

珞巴族民歌曲调虽然很多，但一般调子简单，节奏不严，音阶高低相差不大。各部落流行的《加金》（也叫加衣）古调，缓慢、庄重，每句四拍，句末衬以“加金加”一词。博嘎尔人用它演唱《创世纪》史诗，又用于填配赞颂新生活的新词，如《赞珞巴新村》《博嘎尔人心里真欢畅》《歌唱民族大团结》等。《阿鲫加德》《达过目》原是歌唱动物常识使用的曲调，后又演变为在劳动、节庆、喜宴场合吟唱的曲子，可即兴填词。一般说来，珞巴族各部落都有四五种以上用途各异的曲调。除礼仪歌曲限于特定场合演唱外，其余曲调也同《加金》古调一样，从原来固定的内容与形式，演变为内容随情节而变的曲调。正是这一原因，使珞巴族民间文学和表演艺术的内容和形式紧密地结合在一起。由于多数曲调都可自由编词，因而深受群众的喜爱。

珞巴族民间乐器有竹口弦、笛子和箫。口弦分单片和三片两种，在薄竹片中间挖沟、刻簧。演奏时，轻轻弹拨，声音在口腔引起共鸣，以气息的调节来变化音色。音量虽小，但音色柔和悦耳，是青年男女表达思想感情的娱乐工具。竹笛“达崩”横吹，有一吹孔，四音孔；竹箫“折笼”，直吹，上端开一吹孔，六音孔。笛、箫均可按曲调需要改变音程关系。笛、箫演奏的曲调，可在欢乐的酒宴间助兴，也可在幽静的环境里倾吐内心的情感。

## 舞蹈

舞蹈是人们通过有节奏的、经过提炼和组合的人体动作与造型，借以表达思想感情，反映社会生活的一种艺术形式。珞巴族

西巴村义都部落舞蹈

有一些属于比较简单、粗犷的模拟舞蹈，如《驯牛》《巴纠》等。巴纠舞是崩如部落娶亲宴席上的双人表演舞，以模拟公鸡相斗、布格鸟喝水、嘎让达鸟头摇动等动作，表达珞巴族人民的狩猎生活，具有鲜明的民族特色。珞巴族的多数舞蹈是在模拟的基础上，加以提高，发展成一种步伐规范、具有造型形象的体操式舞蹈。如有一人领唱众人和、男女边歌边舞的《都怒》《奔怒》《帕怒怒得嘎》，有一人领唱众人和、男子边唱边舞的《金敬》《阿珞鸭衣》，有男女混合唱、边唱边舞的《阿帝波怒》，有两男两女边唱边跳的《达英》等等。

此外，还有宗教仪式上巫师边唱边跳的《纽布衣》《哈日巴》舞。巫师所跳的舞蹈，步法雄健、情绪激昂，观者凝神聚目，气氛严肃。

# 工艺美术

珞巴族是一个喜欢艺术装饰的民族，从衣着到日用器具，几乎都有编织，刻绘上各种颜色的花纹，借以点缀、美化生活。珞巴族民间工艺美术有染色、竹编、雕塑等。

民间染色工艺有悠久的历史。在长期的生产实践过程中，珞巴族掌握了利用各种矿物资源染色的技术。染料种类多，常用的染料从“达蒙”“德尔古”等植物的果实、根部和富含矿物的“索多”中提炼。在染色技艺上，他们采用含有色素的植物做原料，不仅能染出深浅不一的颜色，而且还使用多种染料进行套色。对上述植物和矿物进行不同搭配处理后，就能染出红、黄、白、黑、紫、藏青、天蓝等色彩。人们将羊毛、棉花或野生植物纤维、竹篾、藤篾染成五颜六色，然后

工艺精美的手镯

编织出图案别致、花纹鲜艳的服装或器皿。

装饰是造型艺术的重要内容。在丰富多彩的装饰物中，珞巴族对穿戴装饰十分讲究。男女都喜欢佩带的铁、铜、银和藤制成的手镯、脚环、腰带、背饰，腰饰上都要镶嵌、雕镂或编织上精细的图案、花纹。珞巴族的服装式样简单，种类少，但对上衣、筒裙、裹腿上的图案花纹却十分讲究。这些纺织品是妇女用原始的织机织成，配以鲜艳的红、黑、蓝、白、黄五色，并使用粗、细对称线条和方格，组成各种花纹图案。崩尼男子的上衣为一块长方形的布，上面织有一只很大的“布尤”鸟图案，颇为逼真。另外，一些裙边、腰带、裹腿的花纹也种类繁多、精巧别致，反映了珞巴族人民热爱生活、热爱自然的情趣和心灵手巧的艺术才能。

▲ 工艺精美的贝壳腰饰

珞巴族的雕塑艺术也很有自己的特色。一些工匠除雕制十齿木梳外，还常在妇女的身挂竹筒（用以燃烟以驱蚊虫）、拐杖、木竹遮盖物、刀柄、刀鞘等物件上，刻画各种花纹图案。金属制

工艺精美的缀铜泡皮腰带 ▶

作的手镯、烟锅、“则鲁更”“冲风”和“毕令”等饰物，其花纹图案更为美观精致，有些还富有立体感。独具一格的塑像，和宗教活动有着一定的联系，人们往往以木或竹作架，包扎上竹屑、草或树叶制作出人和动物的形象加以崇拜。有的在这些偶像表面涂泥，有的还用木质材料雕制。这些塑像还处在造型艺术的初期，制作还不够精细，但也显示出珞巴族人民的艺术想象力和创造力。

# 第七章
# 当家做主——民族区域自治

西藏的和平解放，使得居住在墨脱、米林、隆子等县境内的珞巴族人民，同藏区各民族一道，告别了原始落后的社会状态，跨进了社会主义历史发展的新时期。珞巴族人民为民族的发展和新生活的建设努力奋斗，以崭新的风貌展现在世人面前。

为保障少数民族的平等权利，西藏自治区人民政府批准在珞巴族聚居的地方成立民族乡。目前，珞巴民族乡共有3个，即1988年4月成立的墨脱县达木珞巴民族乡、1988年6月成立的米林县南伊珞巴民族乡、2010年11月成立的隆子县斗玉珞巴民族乡。此外，在察隅县西巴村等珞巴族比较集中的地方，也实行了特殊的优惠政策。

## 南伊珞巴民族乡

米林县南伊珞巴民族乡距米林县城约6公里，位于喜马拉雅山东段北侧，雅鲁藏布江南岸支流南伊河两岸。该乡下辖南伊村、琼林村、才召村3个行政村，居住着珞巴族、藏族、门巴族等多个民族。据2012年统计，总户数109户，人口507人，其中珞巴族82户383人，藏族25户101人，门巴族等其他民族23人，珞巴族占全乡总人口的75%。行政区域面积648.4平方公里，其中林地面积5.87万亩，草地面积2.1万亩，耕地面积1 244.5亩。

米林县办公楼

新中国成立后，政府出资修建新房，将散居于南伊沟的珞巴族群众从高山上搬迁到条件好的平坝地区。在南伊、琼林、才召设立3个行政村，建立南伊人民公社。1988年，在原南伊公社的

米林县城

南伊珞巴民族乡人民政府

南伊珞巴民族乡才召村村口

▲

南伊珞巴民族乡小学

基础上，成立了南伊珞巴民族乡人民政府。

1990年，胡锦涛同志曾到南伊珞巴民族乡考察。在每年两会期间，胡锦涛同志曾多次询问珞巴族群众的生产、生活以及子女上学等情况，对珞巴族十分关心。近年来，米林县委、县政府按照民族乡工作条例，加大了对民族乡的投入，使珞巴族群众的生产生活状况得到了极大的改善。2013年，南伊乡农村经济总收入达到了665.41万元，农牧民人均纯收入为9 187元，其中现金收入为7 377元。目前全乡通水率、通电率、通邮率、通车率、广播电视覆盖率、电信、移动网络覆盖率均为100%。

1985年，南伊珞巴民族乡成立了全县唯一一所珞巴民族小学，开创了民族教育的新纪元。南伊珞巴民族乡小学现有学生170多名，其中珞巴族等少数民族学生140多名。全乡适龄儿童入学率达100%，巩固率100%。学校教学设施良好，配备了电教室、电脑室、图书馆等，实行汉语和藏语“双语”教学，开设了语文、数学、藏语、英语等课程。如今，珞巴族等西藏少数民族学生享受着包吃、包住、包学杂费用的“三包”待遇，并且在中考和高考中都有一定的加分优惠政策。

近年来，南伊珞巴民族乡立足自然资源和人文资源优势，大力发展生态民俗旅游，坚持珞巴民俗文化传承和发展，保护和利用自然原生态环境，打造南伊圣地旅游，成功举办了五届“珞巴民俗文化旅游节”。2013年上半年，前来南伊沟观光旅游的人数达到4万余人，南伊沟景区也被评为国家4A级景区。当地政府积极为农牧民搭建参与旅游增收平台，支持引导珞巴族群众参与旅游业，建起了珞巴民俗旅游广场，组建了珞巴民俗表演队。

南伊珞巴民族乡琼林村

在各级政府的关心帮助和珞巴族群众的自身努力下，2013年南伊珞巴民族乡的人均收入已达9 000元以上，经济社会发展的各项指标名列米林县前茅，呈现出繁荣发展蒸蒸日上的新气象。

## 达木珞巴民族乡

达木珞巴民族乡成立于1988年，下辖4个行政村，即达木村、卡布村、珠村和贡日村。全乡以珞巴族为主，此外还居住着

达木珞巴民族乡达木村

墨脱县卫生服务中心 ▶

墨脱县委县政府大楼 ▶

达木珞巴民族乡小学 ▶

门巴族、藏族等民族。2013年，全乡286户1 029人，其中珞巴族625人，门巴族356人，藏族32人。

▲

达木珞巴民族乡

达木珞巴民族乡所处地方平均海拔为1 930米，属热带和亚热带气候。主要农作物有稻谷、玉米、黄谷、鸡爪谷等，盛产香蕉、柠檬等热带水果，特色产品有野花椒、野木耳、野生蕨菜等。农业是该乡的支柱产业。截至2012年，农作物播种面积为2 417.6亩，牲畜存栏率达到了1 620头（匹）。全乡实现农林牧渔总产值1 706.26万元，农民人均纯收入6 248.3元，人均现金收入为4 608.7元。

达木地区过去道路险峻，与外界联系困难，现在公路已经通到每个村寨。

达木珞巴民族乡拥有一座颇具规模的小学，目前在校生107人（2014年），珞巴族等少数民族儿童接受免费教育，学习藏语、汉语、数学、自然、社会等科目。在达木珞巴民族乡，适龄儿童入学率、巩固率均达到100%，还出了为数不少的大学生。

# 斗玉珞巴民族乡

斗玉珞巴民族乡位于隆子县东南方向，距隆子县城129公里。全乡国土面积333平方公里，是隆子县六个边境乡之一，也是山南地区唯一的珞巴族集中聚居地。全乡有3个行政村，11个自然村，188户，603人，其中珞巴族46户202人，占总人口的34%。

“斗玉”，藏语意思为“山口之下”。该地风季较长，有一条河穿过斗玉境内。该乡地处亚热带，气候温和，森林资源丰富，有各种可采集食用的野生植物。农作物主要种植玉米、青稞、土豆、红薯、芋头、油菜、南瓜、豌豆、辣椒等。

2008年以来，斗玉珞巴民族乡经济社会发展迅速。在各级政

宽阔的隆子县城大道

府的支持下，累计安排基础设施建设项目40余个，投入资金数千万元，项目涉及公路、桥梁、水利、安居工程、房建、土地治理、村容村貌整治等方面。近年来，建设完成了3个行政村1 679平方米村级活动场所，建设了文化活动室、图书室、党员活动室；实施了人畜饮水工程、村村通工程、通达工程、农网改造、屋顶改造、村内道路硬化、路灯安装，垃圾填埋场建设等；全面实施了安居工程和农村环境整治，人居环境明显改善，实现了农村环境从“脏、乱、差”到“硬化、亮化、净化、美化”的转变，群众的生产生活条件得到大幅度改善，精神面貌焕然一新。

斗玉珞巴民族乡

斗玉村委会

斗玉珞巴民族乡2012年全乡国民经济总收入697.24万元，人均纯收入8 094元，其中现金收入占到七成以上。

斗玉珞巴民族乡正以建设“富裕斗玉、平安斗玉、美丽斗玉、文化斗玉”为目标，加强小城镇建设，加快发展旅游业，加强环境保护和治理，传承和发展民族文化，呈现出经济发展、社会和谐、文化繁荣的崭新气象。

# 义都珞巴族民族村——西巴村

西巴村是察隅县唯一的珞巴族聚居村寨，村民属珞巴族义都部落。西巴村行政上隶属于察隅县上察隅镇，距镇政府所在地12公里，距察隅县城130公里。西巴村目前共18户人家，68人，是一个以农业生产为主的行政村。全村有耕地面积148亩，年人均收入9 000元左右。

西巴村地理位置良好，气候条件优越。村前是奔腾的河流，村后是茂密的原始森林，平均海拔2 000米左右。受印度洋气候的影响，当地终年气候温和，阳光充沛，雨量充足，四季不明显，年平均气温在12℃~14℃之间，年平均降雨量在720.3毫米~987.2毫米之间。村民主要从事种植业，如稻谷、玉米、豆类等，兼营畜牧、纺织、狩猎和采集。

察隅县

▼

上察隅乡中心学校

近年来，西巴村经济社会发展迅速。在各级政府的关心帮助下，西巴村修建了能通汽车的钢构大桥，每家每户都盖起了漂亮的新房，人们安居乐业，其乐融融。在发展经济的同时，西巴村民十分重视下一代的教育，这个隐藏在大山深处的偏僻山村至今已经走出了多名大学毕业生。

# 第八章
## 时代之子——珞巴族杰出人物

珞巴族是我国人口较少民族之一，而今的珞巴族正努力追赶时代的步伐，勾勒着美好的未来。在此之中，珞巴族社会涌现出很多本民族具有代表性的人物，他们成为珞巴族当今社会的弄潮儿，带领珞巴民族发展、致富。

在珞巴族漫长的历史发展过程中，出现了一大批对民族的繁荣和发展做出突出贡献的人物。以下古今人物谱仅是珞巴族众多杰出人物的代表。

## 反侵略英雄——凯萨

凯萨（？—1855），西藏察隅人，19世纪著名的反抗殖民主义侵略的珞巴族部落首领。

1851年，法国神父M.噶拉克以“传教”为名，进入西藏的珞渝、察隅等地搜集情报，为所欲为，严重侵犯了当地珞巴人的利益，激起珞巴族群众的强烈不满。1854年，噶拉克又进入察隅杜曲地区为非作歹，更加激怒了珞巴族群众。作为珞巴族义都部落首领的凯萨，愤而率众处死了噶拉克。

噶拉克之死使英、法殖民主义势力恼羞成怒，他们以此为借口，开始进行更为疯狂的侵略和镇压珞巴族人民的反抗活动。1855年，英国殖民当局从萨地亚派出了长枪队，直奔察隅进行血腥镇压。凯萨率领珞巴族群众顽强抵抗，终因武器落后而战败被俘，许多珞巴族群众英勇牺牲。凯萨在被俘关押期间，拒绝威逼利诱，毫不屈服，后乘敌军戒备松弛时，奋起杀死两名敌军出逃，但因寡不敌众再度被俘。同年，凯萨被英军杀害于第如嘎赫。珞巴族人民的优秀儿子凯萨以鲜血捍卫了民族的尊严。

凯萨领导的珞巴族人民抗击外国侵略者的斗争虽然失败了，但他们抵抗外侮的英雄事迹可歌可泣，在我国各族人民的反侵略斗争史上写下了光辉的一页。

## 氏族战争英雄——东娘

东娘（1911—2005），出生于珞渝马尼岗。通晓巫术，因避氏族战争中的血亲复仇之险，于1950年迁徙到米林县才召村。

年轻时候的东娘，性格彪悍，是狩猎的好猎手和氏族战争中一位赫赫有名的英雄。他是海多氏族麦德穷坚家族的成员，因与达芒氏族萨囊姆家族的达登发生矛盾，从而引发了两大氏族的战争。东娘英勇善战，挥刀如闪电。达登战死后，达芒氏族联合另腰氏族寻机报复，想让东娘为达登抵命。东娘屡战不死，赢得了特殊的威望和尊重，移居到米林后仍主要从事狩猎活动。

东娘

多年的血雨腥风给了东娘很多创作灵感。他能歌善舞，记忆力非凡，能一口气背诵20多代氏族谱系，能讲200多则部落神话故事。他讲述的《阿巴达尼和阿巴达洛捕老鼠》《阿巴达尼遇难》《阿巴达尼和猴子比赛》《冬尼海依二子遇难》《猴子的屁股为什么是红的》等神话故事脍炙人口，引人入胜。东娘是珞巴族古老文化的重要传承人。

# 古史歌演唱者——亚茹

亚茹，约70岁。博嘎尔部落达芒氏族，属麦德血统等级。出生于珞渝马尼岗，1962年迁居米林县，住南伊村。亚茹一辈子从事刀耕火种，善竹编和缝织。她擅长唱诵珞巴族古史歌。创世史诗《斯金金巴巴娜达萌》和祖先史诗《阿巴达尼》主要由她演唱。她演唱时，常采取正襟危坐姿势，双目微闭，双手垂于胸前，似与鬼灵交感。她歌喉婉转，声音清亮而幽远。

亚茹

# 大巫师——亚崩

亚崩（？—2009），出生于珞渝马尼岗，1962年迁到米林县南伊乡。相传其11岁时从一被狂犬咬伤者的伤口吸出两只手指长的小狗，被认为具有神通可以进入鬼灵世界。15岁时做“纽布”（巫师），通晓占卜和巫术，能够主持各种祭祀活动。擅于演唱珞巴族的古歌和古史歌，主要演唱史诗《斯金金巴巴娜达萌》和《阿巴达尼》，声音清亮，远近驰名。

亚崩

# 山林中的英雄——达地

达地，自称百岁有余。博嘎尔部落东乌氏族，属麦德血统等级。出生于珞渝的邦龙。因与人发生械斗，于20世纪50年代迁居米林县，住鲁霞村。

达地

达地一生狩猎，空中的飞鸟，林中的奔兽，皆百发百中，被誉为“山林中的英雄”。他善编竹藤器，年轻时习得鸡卜和巫术，成为著名的巫师。他善于讲唱神话、传说、古歌和古史歌。他讲述的神话《麦冬海依》《狗和野猪的矛盾》等，情节单纯，清晰明快，语言简洁，富有古朴神秘的情韵，较多地保留有神话的原始风貌。他演唱的许多古史歌片断，情感深沉浑厚，内容古奥虚幻。听他的讲唱，听到的仿佛是从他心灵的深处发出的民族历史的回声。

# 古史歌传承者——达娘

达娘，60余岁，博嘎尔部落另腰氏族，属麦德血统等级。出生于下珞渝的巴布荣，1962年迁居米林县，住琼林村。他一生从事农耕和狩猎，善竹编并常与其兄外出交换，往来于印度和藏区，见识颇广。他嗜酒成性，常醉倒山野。其兄是巫师，善歌舞讲唱。达娘年轻时，随其兄学习卜算和咒语。一次，其兄生病，一时请不到卜师。达娘自任卜师，杀鸡看肝，为其兄卜卦诵咒，不料甚为灵验，遂名声大震，成了米剂。他善于鸡卜、诵咒、演唱“庙光”“饿月”和古史歌。“庙光”是鸡卜时唱的咒语，“饿月”是出征前后唱的祈祷词。他的演唱，声韵恢宏，曲调高亢，充满了战胜邪恶的自信和压倒恶鬼的气势。他是创世史诗《斯金金巴巴娜达萌》、祖先史诗《阿巴达尼》和英雄史诗《金岗岗日》的重要传承者。

# 百岁老人——达巴

达巴，自称百岁有余。巴依部落人，所属氏族不详。“白骨头”等级出身。巫师，猎人，住隆子县斗玉乡。

达巴性格豪爽乐观，对社会主义新生活富有深情。他似乎有意把悲伤的历史和伤情的古歌深深埋在心灵的深处，非常喜爱唱新民歌，触景生情，即兴而唱，热烈奔放，常激动不已。他曾在接待珞巴族文化考察队时热情地唱道：

我爱到神灵那里去，<br>
请神灵给我优美的歌喉，<br>
我要为远方的客人歌唱。

达巴

虽然我们不曾相见交谈，
今晚围坐一个火塘，
我们就是亲人拥戴一个太阳。
是谁把亲人引到我的身旁，
歌声笑语在火塘里跳荡，
感谢毛主席啊感谢共产党。

新生活给他带来了创作的激情，使他不再是从他所崇拜的鬼灵那里，而是从发生翻天覆地变化的新生活中获得了新的灵感，使他的新歌成为从喜马拉雅山区密林深谷里生发出的一个民族的新声。

## 文化传承与沟通融合的先行者——宾珠

宾珠，60余岁。米古巴部落波觉氏族人。出生于墨脱县达木村。从事狩猎、刀耕和交换。

相传，他的祖先从藏区的波密迁到墨脱达木一带。每年的7—10月是墨脱珞巴族外出交换的季节，宾珠自青年时代起就经常往来于藏区的波密、工布一带和下珞渝甚至印度进行交换活动。他每次外出交换，都会带回藏区和印度的一些文化讯息。他是一位本土文化传承者和多文化沟通融合的先行者。他讲唱的神话、传说、故事和歌谣，融合了多民族的文化信息，包含了多元性的文化因子，明显地表现出异质文化思想的影响。如他讲述的神话《人的诞生》、故事《妹妹和蛇》等，出现了佛教神祇和喇嘛形象。从他讲述的神话和故事中能看到，他是一位深深根植于珞巴族文化土壤的、脚踏实地的珞巴族民间文艺家。

## 大巫师——亚热

亚热，70多岁，博嘎尔部落萨及氏族，属麦德血统等级，住米林县里龙沟，是珞巴族负有盛名的大纽布（巫师）。自称其13

岁时患精神病，说到村外看到了花变成人向她说笑；在家时炉灶变成人要打骂她；蚊子、苍蝇变成蛇追咬她，所以自己到处乱跑。病愈后成为女巫，通晓卜算和巫术，以卜卦准确和法力超群著称，远近驰名。她在跳神作法时演唱的神话和祭祀歌具有重要的研究价值，是珞巴族神话传说、古史歌和祭祀文化的重要传承人。

亚热

# 全国人大代表——达吉

达吉，1934年出生，西藏米林县人。1973年加入中国共产党，曾任米林县羌纳乡副乡长，羌纳人民公社革委会主任，羌纳乡乡长，中共羌纳乡党支部书记。达吉是第五、第六届全国人大代表。

# 民族团结模范——小加油

小加油，20岁成为一名共产党员，从23岁开始当村干部，长期担任隆子县斗玉珞巴民族乡斗玉村的党支部书记，并连续当选为党的十六大、十七大代表。

2003年，小加油带领村党员干部先后举办了几期农牧民致富技能培训班，组织村民开展劳务输出，带领村民采挖药材、种植经济林木。为了帮助群众早日脱贫致富，走上富裕路，小

小加油

加油带领全村90多名妇女建起了一个面积达30余亩的“妇女经济林种植基地”，收益明显。之后，小加油又抓住三陇公路经过本村的大好时机，组织村民开展劳务输出。仅此一项，就为全村增加现金收入达30多万元。她非常注重开展妇女儿童工作，平时，经常向广大妇女宣传男女平等的观念和相关法律法规，增强广大农村妇女运用法律进行自我保护的意识，提高妇女在生产、生活中的地位。小加油还主动带领妇女开展“双学双比”和“巾帼建功”活动，极大地提高了妇女的文化素质和生产技能，为全村的经济发展注入了新的活力。

由于工作成绩突出，小加油被评为2009年全国民族团结进步模范个人，被群众亲切地称为“妇女干部的好榜样”。

## 心灵的舞者——亚依

亚依，1964年出生，西藏米林县人，是女巫亚崩的女儿，现为国家二级编导。亚依13岁被招收到西藏歌舞团，送往北京中国舞蹈学校学习培训5年，1982年毕业回到西藏。1997—1998年在北京舞蹈学院编导系进修编导专业。亚依除从事编导外，还在上演的各类剧目中多次担任独舞、双人舞、领舞等角色。表演的舞蹈主要有《金山战鼓》《央金玛》《热巴情》等，自编自演双人舞《古老的主题》、独舞《珞巴土风舞》。

亚依

亚依创作的歌舞《大雁颂》荣获文化部颁发的文化新剧目奖和珠穆朗玛文学艺术奖，双人舞《珞巴人的刀》在第十届全国少数民族舞蹈大赛中荣获创作一等奖，三人舞《彩蝶戏鼓》《珞巴之春》在全区舞蹈比赛中荣获创作二、三等奖等。亚依曾随西藏艺术团出访欧美多国，被赞誉为珞巴族心灵的舞者。

## 西巴村女当家——金建

金建，1971年出生，现任西藏察隅县西巴村主任、察隅县人大代表。

金建

1997年7月，金建“新官上任”，扛起了上察隅镇西巴村村委会副书记的担子。2004年7月，金建当选西巴村村委会主任。在她的带领下，西巴村确定了“先修路，稳粮保收，大力发展特色服务业、种植业”的发展思路，制定了《村务财务公开制度》《西巴村村规民约》等十项规章制度，并公布上墙。目前，西巴村已形成160亩板栗种植基地和160亩油桐种植基地，经济效益已经初步显现。2008年，金建被评为全国农村妇女“双学双比”活动女能手，还多次获得“优秀共产党员”“优秀党务工作者”等荣誉称号。

## 珞巴族女县长——晓红

晓红，1996年毕业于西藏农牧学院，分配到林芝地区米林县工作。2000年被选为副镇长，2003年27岁的晓红参加了全国人大会议，是当时最年轻的全国人大代表。2005年被选为米林县南伊珞巴民族乡乡长，2010年3月被选为米林县副县长。作为十届、十一届全国人大代表，她与时任中共中央总书记胡锦涛同志

晓红

8次面对面共商国是，探讨珞巴族的发展。

晓红曾在全国两会上提出了“修桥”和“修堤”两条建议，都被纳入了西藏自治区“十二五”规划，亲历和见证了党和国家对我国人口较少民族的关心和厚爱。

# 致富明星——达娃

达娃，米林县琼林村人，本是一个普通的80后农民，如今已是当地响当当的“致富明星”。近年来，他通过开发旅游业，组织村民一同致富，一心一意为当地乡亲们谋利益，让许多村民一同走上了致富之路。

2002年开始，西藏自治区人民政府制定了一系列“退耕还林”的相关扶持政策，达娃开始尝试种植核桃树。经过自身的努力，在良好机遇下，达娃收获了丰硕的成果。2005年，达娃当选为村主任，他带领乡亲们一起致富。2012年，琼林村成为全乡第一个“万元户村”。

达娃

凭着敏锐的头脑、踏实的努力，达娃带领乡亲们行进在致富的道路上，为早日与乡亲们一道过上幸福的小康生活而奋斗着。

# 珞巴族女乡长——扎西央金

扎西央金，1981年出生，西藏隆子县人。2003年毕业于湖南岳阳师范学院，现任山南地区隆子县斗玉珞巴民族乡副乡长，第十二届全国人大代表。她担任副乡长以来，勤奋务实，深入调查研究，为群众办实事办好事。她珍视和坚持民族团结，曾被评为山南地区和西藏自治区民族团结模范个人。作为珞巴族全国人大代表，她积极参与管理国家大事，为民族地区的经济社会发展建言献策，为民族的发展进步和国家的繁荣昌盛努力工作。

扎西央金

# 参考文献

1.［英］克里斯托夫·冯·菲尤勒—海门道夫，吴泽霖．阿帕塔尼人和他们的邻族．中国社会科学院民族研究所，1980

2.《珞巴族简史》编写组．珞巴族简史．拉萨：西藏人民出版社，1986

3. 于乃昌．西藏民间故事（第5集）．拉萨：西藏人民出版社，1989

4. 西藏社会历史调查资料丛刊编辑组．珞巴族社会历史调查（1—2）．拉萨：西藏人民出版社，1989

5.［印］沙钦·罗伊，李坚尚，丛晓明．珞巴族阿迪人的文化．拉萨：西藏人民出版社，1991

6. 李坚尚，刘芳贤．珞巴族的社会和文化．成都：四川民族出版社，1992

7. 冀文正．西藏民间故事（第6集）．拉萨：西藏人民出版社，1993

8. 关东升主．中国民族文化大观·藏族，门巴族，珞巴族．北京：中国大百科全书出版社，1995

9. 李坚尚．喜马拉雅寻觅．济南：山东画报社，1999

10. 于乃昌．珞巴族文学史．拉萨：西藏人民出版社，2001

11. 中国人口较少民族发展研究课题组．中国人口较少民族经济和社会发展调查报告（内部资料）．2001

12. 陈立明．走入喜马拉雅丛林——西藏门巴族珞巴族文化之旅．北京：中国藏学出版社，2002

13. 龚锐，晋美．珞巴族——西藏米林县琼林村调查．昆明：云南大学出版社，2004

14. 西藏自治区民族宗教委员会，西藏自治区发展和改革委员会．西藏自治区扶持人口较少民族发展专项建设规划（送审稿）．2005

15. 中国人口较少民族经济和社会发展调查报告．北京：民族出版社，2007

16. 张江华，揣振宇，陈景源．雅鲁藏布江大峡谷生态环境与民族文化考察记．北京：中国藏学出版社，2007

17.《珞巴族简史》编写组．珞巴族简史（修订本）．北京：民族出版社，2009

18. 西藏社会历史调查资料丛刊编写组．珞巴族社会历史调查（修订本）（1—2）．北京：民族出版社，2009

19.《中国少数民族》编写组．中国少数民族（修订本）．北京：民族出版社，2009

20. 陈立明，曹晓燕．西藏民俗文化．北京：中国藏学出版社，2010

21. 党秀云，周晓丽．达木村调查．北京：中国经济出版社，2012

22. 格桑，王蔷．中国珞巴族．银川：宁夏人民出版社，2012

# 图片提供者

（按姓氏笔画为序）

**于乃昌**
第37页（中）
第44页
第45页（上）
第46页
第53页
第57页
第58页
第62页（上）
第72页
第73页（上）
第76页
第77页（上）
第80页（上）
第84页
第112页
第113页
第119页
第120页
第121页

**扎西央金**
第49页（右）

**王守明**
第25页

**民族文化宫**
第86页（下）
第87页（下）
第88页（上）
第140页

**《民族画报》**
第22页上
第37页下

**亚依**
第162页

**祁继先**
第38页

**达娃**
第164页（下）

**李坚尚**
第52页（左）

**杨忠宁**
第12页（上）
第16页（上）
第24页（上）
第26页
第27页
第28页
第29页
第30页
第31页
第32页
第33页
第34页
第35页
第36页（上）
第40页
第41页
第50页
第54页
第62页（下）
第63页（右、下）
第64页
第65页（右、下）
第67页（上）
第70页
第75页
第77页（下）
第78页（下）
第94页
第96页
第97页（下）
第98页
第101页
第102页
第115页
第116页（上）
第126页
第144页
第147页（下）
第148页
第149页
第140页
第152页
第153页
第161页（下）
第163页
第165页

**陈立明**
第12页（下）
第14页
第18页
第19页
第23页
第24页（下）
第36页（下）
第37页（上）
第45页（下）
第47页
第48页
第49页（上）
第51页
第52页（下）
第63页（上）
第65页（上）
第67页（下）
第71页
第73页（下）
第78页（上）
第79页
第80页（下）
第81页
第85页
第86页（上、左）
第87页（上）
第88页（下）
第89页
第91页
第92页
第93页
第95页（下）
第97页（上）
第104页
第105页
第106页
第107页
第108页
第114页
第116页（下）
第118页
第123页
第133页
第138页
第139页
第145页
第146页
第147页（上）
第151页
第157页
第158页
第159页
第161页（上）

**周云水**
第39页

**南丁**
第20页
第21页
第22页（下）

**凌风**
封面图片
第94页（左）
第99页
第122页

**晓红**
第164页（上）

**《珞巴族简史》**
第13页

# 后记

初次接到佟强编辑的电话，希望我承担编写《走近中国少数民族·珞巴族》和《走近中国少数民族·门巴族》的任务，说实在的当时我委婉地回绝了。主要原因一是平时事务繁杂，担心不能按期完成。二是觉得由本民族的学者来书写更为妥当。第三是该丛书要求高，内容上从历史讲到当代，形式上是图文并茂，需要大量当代发展材料和历史与现实图片。接受任务意味着必须再次赴珞巴族和门巴族聚居地区调研，而珞巴族和门巴族的聚居地位于地处喜马拉雅东部山区的西藏东南边境5县，即墨脱县、米林县、隆子县、错那县和察隅县，系统调研极为不易。几番商量后接受了任务，一是出于对西藏民族文化的热爱，二是本人承担的国家社科基金项目“西藏边疆人口较少民族聚居区经济社会发展现状调查研究”和西藏自治区“西藏文化传承发展协同创新中心”项目获批，项目所研究的内容正好与这两部书稿的内容相契合，调研的经费问题由此也可以得到解决。

这一生我与西藏和西藏民族文化有着很深的缘分。我曾在西藏昌都插队，大学在西藏民族学院就读，留校后一直从事西藏民族文化的教学和研究。我是1986年开始进入西藏人口较少民族历史文化研究领域的。西藏民族学院有一个学术传统，就是长期关注和研究西藏人口较少民族即门巴族、珞巴族以及僜人和夏尔巴人的社会和文化。我于1986年跟随著名学者于乃昌教授到西藏东南边境5县调查，当时克服重重困难甚至是冒着生命危险徒步进入墨脱考察，留下了永远难以忘怀的记忆，由此开始了我对珞巴族、门巴族经济社会发展和社会文化变迁的持续关注，西藏边疆民族地区的经济社会发展已成为我的一个重要研究领域。不知不觉间已经过去了近30年，此间我曾十多次赴藏调查，独著或合作出版了几本介绍珞巴族、门巴族文化的著作，如《走入喜马拉雅丛林——西藏门巴族珞巴族文化之旅》《中国民族文化大观·门巴族卷·珞巴族卷》《西藏民俗文化》等，参与修订了《珞巴族简史》《门巴族简史》《中国少数民族·门巴族》等。长期的关注和研究使我对珞巴族、门巴族等西藏边疆民族的历史和文化有了较为深入的了解，也深化了对西藏民族文化的认识。

再次深入西藏东南5县调查珞巴族和门巴族的社会和文化，给我留下的深刻印象是变化巨大。南伊珞巴民族乡所处的南伊沟已是远近闻名的旅游胜地，南伊乡的经济社会发展走在了米林县的前列。曾经偏僻闭塞的察隅县上察隅乡珞巴族聚居的西巴村，政府投入巨资专门为该村修建了西巴大桥，方便了群众的出行，如今家家户户都修建了新房，人们过上了富裕的日子。隆子县斗玉珞巴民族乡的经济发展，社会和谐，文化活动丰富多彩。我们发现，各地修得最好的建筑是学校，听到孩子们的琅琅读书声和坐在宽敞明亮的教室中学习的场景令人欣慰和感动。

最使人兴奋和震撼的是墨脱公路终于通车，摘掉了“中国唯一不通公路的县”的帽子，结束了“高原孤岛”的历史。记得当年我们徒步进入墨脱时翻高山、跨深涧、穿密林、过藤桥、斗蛇虫的艰险，即便是在墨脱境内调查也是困难重重。这里摘一段我们考察队当年从马迪村前往达木村调查途中的实录：

过米日村不久，路越来越难走，小径崎岖窄小，两旁的树枝不时伸向路中挂绊行人，而路面坑坑洼洼。从墨脱到达木要经过几条小河，计有噶鲁河、卡布河、黑日河、西蒙河和平库河（以上河流名称均为考察时音译），多处于玛迪和达木之间。我们在一次过用几根圆木和木条搭建的简易木桥时，一匹马踩空差点儿坠入激流中，受惊的马窜到岸上胡蹬乱奔，引起马群骚乱。当时仁增措姆（门巴族，考察队成员兼翻译——笔者注）和我走在后边，受惊的马不顾一切地直撞过来，我们急忙躲闪，险些被马挤下山崖，我们的骡马也尾随狂奔而去。经验丰富的马夫和翻译也费了很大劲才控制了局势。

路变得越来越陡，我们又走进了大山中，后来就是无休无止地爬山。徒步爬累了骑一会儿马，见骡马大喘粗气时便下马自己行。慢慢地，队伍分散了，与我结伴的只有女翻译仁增措姆和马夫。路又陡又险，我们艰难地向上攀登。正当我们各自全神贯注地攀爬一道险坡时，只听见我身后不远的仁增措姆一声惊叫。急忙赶过去看发生了什么事，只见措姆站在路旁流泪，她的坐骑卧倒在窄窄的路上喘粗气。

原来，她的马踩到了一块横挡在路上的三角形石头上，由于未钉马掌，打滑失了前蹄，将她摔倒在靠山内侧的坡上，而路的外侧便是灌木丛生的险坡，不远处是深不见底的悬崖。真是太险了，一旦措姆被马抛出路外或与马一道滚向陡坡，后果不堪设想……

今天，达木珞巴民族乡已经通汽车，墨脱境内的乡村公路正在改造修建中，许多乡村也已通车。墨脱境内河流上的藤桥、木桥已经被钢索吊桥和钢构水泥大桥所替代。墨脱，今天人们已不陌生。随着交通条件的改善，作为雅鲁藏布大峡谷核心区域的墨脱已成为人们关注的焦点和旅游探险的胜地。

本书稿是我和李锦萍合作完成的，但凝聚着几代民族学工作者的努力和心血。我们参考了《珞巴族社会历史调查》《珞巴族简史》等资料，在此谨向作者以及资料的调查和编纂者表示衷心感谢。先后参与调研活动的有曹晓燕、周云水、布琼、李旺旺、向华娟、杨忠宁、陈鹏辉、李锦萍等。调研过程中，我们得到了西藏自治区民族宗教事务委员会、山南地区民族宗教事务局、林芝地区民族宗教事务局以及墨脱、察隅、米林、隆子、错那等县委县政府的关心和支持，得到了许多同志和朋友的帮助，门巴族、珞巴族群众对我们的调研始终给予了大力支持与无私帮助，特此铭记并致以衷心感谢。

希望这本小书能对广大读者了解珞巴族的历史文化和当代发展现状有所帮助，同时也借此纪念那些曾为我们提供过宝贵资料已经辞世的珞巴族老人。

陈立明谨记

2014年12月